芝居のある風景

矢野誠一

白水社

芝居のある風景

装画・挿画＝唐仁原教久
装幀＝藤井紗和
（編集＝耕書堂）

目次

Ⅳ

V

I 二〇一五〜二〇一六年

妹背山婦女庭訓

近松門左衛門の世話浄瑠璃の初作で、それまでの大坂竹本座の借財を一挙に返済するほどの大当りをとった『曾根崎心中』の、「徳兵衛おはつ道行」の詞章は、何度聴いても、何度読んでも、名文だと思う。

此の世のなごり。夜もなごり。死に行く身をたとふればあだしが原の道の霜。一足づゝに消えて行く。夢の夢こそ哀れなれ。あれ数ふれば暁の。七つの時が六つ鳴りて残る一つが今生の。鐘の響の聞きをさめ。寂滅為楽とひゞくなり。

近松と同時代を生きた儒学者荻生徂徠が絶讃したと言われる。

だからと言って、人形浄瑠璃文楽の大夫の語る義太夫の詞章のすべてがすべて名文だとは限らない。名文どころか、なかには文脈上支離滅裂な言いまわしや、雑駁きわまる語法も見られて、悪文の見本じゃないかと思われるものまである。そんな悪文を太棹にのせて情感ゆたかな語りに転化させるのが、大夫の腕の見せどころというものだ。

いつの頃からか人形浄瑠璃文楽公演で、大夫の語る床本の詞章が外国映画のスーパーインポーズよろしく、舞台の左右に字幕で表示されるようになった。引退した竹本住大夫が「あないなもん、要らへん」と言っていたときいたし、私もそう思っているのだが、ときに目が行きひょんなことに気がつくことがまったくないわけではない。第一九二回文楽公演『妹背山婦女庭訓《いもせやまおんなていきん》』（二〇一五年九月　国立劇場小劇場）の「道行恋苧環《こいのおだまき》」がそうだった。

梅は武士《もののふ》、桜は公家よ、山吹は傾城、杜若は女房よ。色は似たりや菖蒲《あやめ》は妾、牡丹は奥方よ、桐は御守殿、姫百合は娘盛りと撫子の、

というこのくだり、「園に色よく咲く草時」を「男女になぞらへ」ているのだが、武士や公家はさておき、妾が菖蒲というのに、ちょっとした刺激があったのである。

もとより気になる御婦人の風姿容貌を、花にたとえるのは昔からある世のならいで、「いずれ菖蒲か杜若」「たてば芍薬すわれば牡丹」といった案配に、この浄瑠璃に登場する花も、そうした例のいい役どころを占めている。だが菖蒲が妾になぞらえられているのは

「道行恋苧環」にふれるまで知らなかった。手許にある「隠語辞典」や「風俗語辞典」の類いで「菖蒲」を引いてみたが、妾をさす記述は見当らなかった。

茶人だった祖母が、昭和のはじめに代々木八幡に建てた家で育ったのだが、隣家に宰相近衛文麿のお妾さんが住んでいて、時どき祖母にお茶を習っていた。だから私は学校にあがる前から、妾だの、お囲い者だの、権妻や二号さんといった言葉や、表札の「寓」という文字の意味するだいたいのところを知っていた。あまり自慢になるはなしじゃない。

明治維新をなしとげた新政府の要人で、妾のいないひとはなかったと言われる。早稲田大学を同期で卒業した北村和夫、小沢昭一、加藤武の三人は、大隈会館で会費制の合同結婚式をあげるに際し、創立者大隈重信の銅像の前で、「我我も先生のように妾を持つ身分にきっとなります」と誓いを立てたという。無論誓いは空振りに終っている。

（「都民劇場」二〇一五年十月号。以下同誌）

真珠の首飾り

あらためて『年表昭和史』の一九四五年八月十五日の項を見ると、

天皇、戦争終結の詔書を放送(玉音放送)、第2次世界大戦終わる、鈴木貫太郎内閣総辞職

とある。七十年前のこの日、私は国民学校の五年生だった。周章狼狽する大人たちをよそに、これで連日の空襲の恐怖から逃れられるのと、灯火管制の敷かれた暗い夜から解放されることの喜びを嚙みしめていたのだから、あまり可愛気のない子供だったように思う。

それにしても、あの日いらいの空の色があざやかな紺碧に澄みきっていた記憶は鮮烈である。戦時下にあっては、しみじみ空を見あげる機会などなかったのかもしれない。その青空高く、連日黒い紙片が群舞乱舞していた。軍や役所が占領軍がやってこないうちに重

要書類を焼却しているのだと、大人の口からきかされた。食糧事情は極端に悪く、その貧しい晩餐のさなかに停電してしまうこともしばしばで、ラジオの人気番組「とんち教室」の「切れた電球の使用法」なる設問に、「停電のときに使います」という六代目春風亭柳橋の名解答が話題になったものだ。

一九四七年四月、私立の麻布中学に入学した。六・三制教育大系改革の一期生である。戦後の復興未だしの時代で、昼休み時間に屋上にあがるとはるか東京湾まで一望できて、勝鬨橋の開閉するさまが眺められた。あの橋が跳開してたのを覚えてる人も少なくなった。五月三日に日本国憲法が施行され、配布された「あたらしい憲法のはなし」を教材に、細川潤一郎校長が全生徒を講堂にあつめて憲法について語ってくれた。諸外国の例も交えて近世憲法を論じた、新米中学生にはかなり高度で難解な授業だったが、「日本は戦争に敗けたのだから、終戦ではなく敗戦なのだ」とくりかえし述べられたことだけはよく覚えている。敗けることで得られる仕合せもあるのを、このとき知った。

やがて日本国憲法が、戦勝国アメリカの主導で制定されたと知るのだが、押しつけられたものにせよ、あの憲法があるが故にこの国はまがりなりにも戦争にまきこまれることなくやってこられたのだと思う。青年劇場公演、ジェームス三木作、板倉哲演出『真珠の首飾り』（二〇一五年九月　紀伊國屋ホール）は、日本国憲法制定にかかわった占領軍GHQ民政局内部の論議の模様をドラマ化したものだが、一九九八年の初演時に較べると、日本国民の憲法に対する関心も認識も格段に深まっている。

戦争に敗けたこの国だが、高度経済成長と〝バブル〟のおかげで、IT文化にかこまれた暖衣飽食ここにきわまった感がある。そんな世の風潮に背をむけ、手にする機器といえば電卓とファクシミリくらいで、いまだに携帯電話やスマホを持たず、パソコンには近づかない私みたいな人間を、元首相の小渕恵三はIT文盲と宣《のた》もうた。無学文盲という無学のほどはもとより承知だが、かりそめにも文筆をもって餬口《ここう》をしのいでいる身が文盲とは。

それでも私はおかげさまで「日本国憲法第二十五条」で保障されている「健康で文化的な最低限度の生活」を、なんの痛痒も感じることなく送らせて頂いてる。

（二〇一五年十一月号）

放浪記

森光子が林芙美子を二〇一七回演じきった、菊田一夫脚本・演出『放浪記』の初演は一九六一年十月芸術座で、たしか三ヶ月のロングランだった。どちらかというと新劇一辺倒で、商業演劇のあまりいい観客ではなかった私が、この芝居だけはなんとしても観たくて、芸術座の当日券売場の列にならんだのは、林芙美子の愛読者だったからだ。舞台にふれる前に、何度目かの『放浪記』の文庫本に目を通していたのだが、観終ってこれは菊田一夫が自身の放浪記を林芙美子の生涯と作品に重ねあわせた舞台であることに思いあたった。おたがい若き日にいだいた詩人たらんという夢が、脈打っていた。

爾来、くわしく数える資料も時間もないが、たしか二十回をこえる数の森光子の林芙美子にふれている。けっして短くはない私の観劇生活で、同じ芝居を同じ役者でこんなに沢山観ているケースはないが、感心するのは観るたびに新しい発見があるのと、舞台そのものが確実に成長をつづけていたことだ。

この芝居の幕切れ、「第五幕　晩年　落合の家」は、「昭和二十四年頃・秋」という設定で、林芙美子が一九四一年に建てた豪邸の書斎だ。舞台になったこの書斎は、いまなお「林芙美子記念館」として現地番新宿区中井二ノ二〇ノ一に保存公開されている。この書斎の場面に芝居の作・演出者である菊田一夫が訪れてくる。芙美子同様売れっ子作家の菊田が執筆中の新聞連載小説が予定よりのびて、次の作者である芙美子に迷惑をかけている詫びにきたのだ。ともに若き日詩人たらんとした身が、文学談義など交わすのだが、小柄な菊田一夫の風姿風貌声音口調までそっくりに演じた小鹿番の演技が評判をよんだ。

その小鹿番が二〇〇四年四月に世を去ると、それからの菊田一夫役は斎藤晴彦に代った。身体つきから大違いの斎藤晴彦には、小鹿番のようなそっくりさんぶりは、しようと思っても出来るものじゃない。それでもなんとか菊田一夫的雰囲気をにじませるべくつとめる斎藤晴彦の演技にふれながら、この場面に自分自身を登場させた作者の真の意図に、初めて気づいた。

『放浪記』初演の一九六一年、菊田一夫もまた功なり名遂げていた。流行作家菊田一夫は、一九五五年総帥小林一三に招かれて東宝の演劇担当重役に就任し、数数の名舞台を生み出し商業演劇一方の雄として君臨していた。東京ではほとんど無名だった森光子を抜擢し、芙美子と同時代を過ごした自分の青春を見つめなおしたのだ。作者自身を舞台に登場させるという、浅草芝居よろしき楽屋オチをあえてしたのも、「いまでこそ東宝重役という興行師の仮面をつけてはいるけど、あなたたちとともに詩人たらんとした若き日を忘れてるわけじゃないですよ」という、きわめてパーソナルなメッセージだったのだ。

森光子が逝って三年。こんどは仲間由紀恵が林芙美子に扮して、三木のり平潤色、北村文典演出『放浪記』(二〇一五年十月　シアタークリエ)の復活である。出演者のほとんど全員が初めてふれる『放浪記』で、二〇一七ステージ上演の記録をいったん消して、新たな成長をつづける舞台のスタートが切られた。

(二〇一五年十二月号)

桜の園

一九七六年の夏、初めてヨーロッパひとり旅をした際、スペインで五日ほど過ごした。かつては無敵艦隊によって世界を制覇したことのあるこの国の、街を歩いている人たちの顔つきに、ちからを合せてもう一度ああいう大国にしなければなどと考えているのが、誰ひとりとして見当らないのが気にいり、すっかりスペイン贔屓になって、爾来逢坂剛など読みながら、三度ばかし訪れている。

初めて行ったとき、アンチョビーを知った。居酒屋でワインやシェリーをのみながら、食べ物の格段に安いあの国でも、鰻の稚魚のアンギラスばかりはばか高で、毎度毎度口にするわけにはいきかねる。そんなわけで、わからぬ言葉の連なったメニューで、安そうなのを適当に指さしたらばアンチョビーが出てきた。これが思いもかけない美味さで、わが嗜好にぴたりとはまった。帰国してから愛用している本山荻舟『飲食事典』をひらいてみたら、「地中海に多産する小魚で、わが国の鯷《ひしこ》に似ているところから、ヒシコをもアンチョーヴィーとよぶことがある」と記されていた。「地中海に多産する小魚」は、カタクチイワシのことらしい。

いまでこそデパ地下と称する食品売場で、原産地表記にスペイン、イタリア、モロッコなどとある、缶詰や壜詰のアンチョビーのオリーブオイル漬を簡単に手に入れることができるが、一時期はアヲハタ印の缶詰しか見当らず、それも探すのに苦労したものだ。お値段はそれこそピンからキリまでだが、おしなべて缶よりも壜、産地は贔屓のスペインよりイタリアのほうがいいような気がする。カナッペにするのが常道だが、サラダやパスタに欠かせないし、ときに炒飯に用いるのも乙なものだ。

口先ばかりで、なんにもできない人たちが集り散じていくのが、アントン・チェーホフの芝居のまずは要諦で、さしずめ『桜の園』などはその典型と言えるだろう。あのお芝居は女地主のラネーフスカヤが主人公なのだが、観るたびに私の関心が強まっていくのがその兄のガーエフの方なのだ。桜の園を妹に代って管理しているのだが、玉突きばかりやってる遊び人で世間知らず。そしてダンディ。

桜の園が競売にかけられ、子供の頃からこの園に出入りしている商人ロパーヒンの手に渡った日、ロパーヒンと一緒に汽車に乗り遅れ遅くなって桜の園に戻ったガーエフの第一声が、

「アンチョビーを買ってきた」

なのである。

生まれ育った桜の園が、人手に渡る事態にあってなお、競売の行なわれる町まで汽車に乗って行かなければ手に入らないアンチョビーを求めることは忘れない。価値観に基準のない、駄目な奴ガーエフが、なんとなくいとおしい。

鵜山仁演出の『桜の園』(二〇一五年十一月　新国立劇場小劇場)は、神西清翻訳によっている。新潮文庫の『桜の園・三人姉妹』で、くだんの台詞にあたってみたら、「これを取ってくれ。……アンチョビイと、ケルチのニシンとだ」とある。ケルチはクリミア半島東端だがニシンまでとは気がつかなかった。

(二〇一六年一月号)

書く女

覚えていますか？　伊藤一葉という世にも可笑《おか》しな奇術師のいたのを。天逝してもう三十七年になるのだから、若いひとは知らなくて当然だ。

一九七二年だった。初めてこのひとの奇術にふれて、度肝を抜かれた。あざやかなお手並みで人をあっと言わそうなんてこざかしい了簡がこれっぽっちもないばかしか、奇術という藝のむなしさを客に教えることから始める奇術師なんて、それまで見たことなかった。気どった手つきで色とりどりのハンカチをあやつる。誰でもなかから鳩がとび出すと思うじゃないか。鳩が出なくてもせめて花ぐらい咲かせるのが奇術だ。ところが鳩も出なけりゃ花も咲かない。あっ気にとられた客を前に、彼氏平然と、

「出ませんね」

とこれだ。

キャバレーの余興で、「真面目にやれ」と野次のとんだ伊藤一葉のこんな奇術が、爆発

的に売れたのだから世の中わからない。シラケ時代と言われた風潮にマッチしたこと、彼の藝を面白がった永六輔や前田武彦がさかんに持ちあげたこともあるが、極め付きになったのはハンカチから鳩が出そうで出なかったあと、一拍置いて、

「この件に関して何かご質問は……」

のひと言だった。評判になって、流行語になって、この台詞を使ったテレビのCMもあらわれた。

奇術師伊藤一葉が世に出るまで、二十年に及ぶ苦節の日日があった。一九三四年兵庫県城崎に生まれ、興行師だった父の縁で入った松旭齋天佐天一一座で松旭齋天丸と名づけられたのが十八歳のとき。樋口一葉を愛読してやまない文学青年だったから勝手に松旭齋一葉と名を変えたが、そのうち松旭齋も古くさいと本姓をつけ伊藤一葉の誕生という次第。一座にいた憎からず思っていた二つ年下のご婦人を追ってドロンをきめこみ東京に出てきたのが一九五八年。亀有駅近くの「藝能荘」なるその日暮しの藝人アパートで所帯を持ち、演藝場、キャバレー、お祭りの余興、なんでもやったがギャラは一日五、六百円、それも月に二、三度あるかないか。

売れに売れた伊藤一葉の好事に魔が襲った。当人には最後まで知らされなかったが、肝臓癌に冒されたのだ。一九七九年一月から都立駒込病院に入退院をくりかえし、九月三十

日に四十五年の一期を終えた。

二兎社公演、永井愛作・演出『書く女』（二〇一六年一月　世田谷パブリックシアター）では、赤貧洗うがごとき暮しのなかから名作を生み出した樋口一葉を黒木華が演じている。

伊藤一葉の傾倒おくあたわざるところだった樋口一葉だが、『大つごもり』『たけくらべ』『にごりえ』『十三夜』『わかれ道』『われから』と、その代表作のほとんどを、薄幸のわずか二十四年の生涯を燃えつきさせる三年間に発表している。四十五年というこれも短い一生の大半を奇術師として過ごした伊藤一葉だが、ブームをよんだ人気に支えられ、炎と燃えたのはたったの数年間にすぎなかったことを思うと、藝名だけでなく、生き方そのものまで樋口一葉が規範であったような気がする。文学青年としての心意気に殉じたのだろうか。

（二〇一六年三月号）

星屑の町　完結篇

大晦日から元旦にかけて、なにもすることなく、ただだらだらと酒のみながら、結局テレビを観つづけてしまった。次から次へと名前を知らないお笑い藝人と称する連中が、愚劣きわまる言動を連発してるのに向き合わされて、腹が立つより言いようのない空しさに襲われた。空しさに襲われて、その低俗な藝のゲの字も感じられない彼・彼女らに、大声あげて笑いころげる公開スタジオを埋める客たちが真底気の毒になった。あの人たちは本当に面白いものにふれたことがないのだ。

もとより寄席藝能は、わがテリトリーで物書き稼業のとっかかりになった題材でもある。思い出しても藝が絢爛と花咲いていた時代だった。いつの頃からか彼らにお笑い藝人なる呼称がついて、テレビ画面を席捲するようになって、そこから藝が消えた。とりわけ漫才の劣化ぶりには目を覆う。もはやあれは漫才ではない。

けっして馬鹿笑いするでなく、いつの間にかこちらの顔が微笑んで、それが笑いにつながるような対話の妙できかせる、大阪のダイマル・ラケット、いとし・こいし、やすし・きよし、東京の千太・万吉、Wけんじ、てんや・わんやあたりで、漫才という藝は終焉を告げてしまったのでは。

そんな良質な漫才が姿を消しつつあった一九七八年に芸術座で観た小野田勇作『おもろい女』で、劇中劇よろしく演じた森光子と芦屋雁之助による漫才「飯塚部隊長」に舌をまいたのが忘れられない。その頃担当してた某週刊誌のコラムに「いま東西の漫才界を見わたしてみて、あれだけいい呼吸《いき》を持った、男女のコンビは見当らない」と書いて森光子に喜ばれたのを覚えている。「飯塚部隊長」は、日中戦争下の実話をミスワカナ・玉松一郎のコンビが漫才化したものだが、そのワカナ・一郎をリアルタイムで聴いている三木のり平が、「森光っちゃんの漫才は、ワカナ以上」と絶讃したものだ。ヒロポンに毒されていたミスワカナは、一九四六年十月西宮球場での実演を終え頓死しているが、ミヤコ蝶々がごく短期間二代目を名乗った名跡を森光子が継ぐはなしもあったかにきいている。

一九九四年、ザ・スズナリで初演された星屑の会による水谷龍二作・演出『星屑の町』シリーズは、「山田修とハローナイツ物語」「南国旅情篇」「ナニワ純情篇」「長崎慕情篇」「東京砂漠篇」「新宿歌舞伎町篇」と回を重ねてきたが、とうとう『完結篇』（二〇一六年二月　本多劇場）だという。だというのは、あくまで建前でひょっとすると何年か先に復活があるやも知れぬらしい。

その『完結篇』の舞台は、時代に流され閉鎖してしまった函館のキャバレー。そこで一日限りの山田修とハローナイツのショーが行なわれるという設定だが、なかで演じられる大平サブローとラサール石井の漫才が絶品なのだ。相方のシローを失った大平サブローが、ラサール相手に夢路いとし・喜味こいしのネタのさわりを、ほんのちょっと披露するのだが、いやあ面白かった。もっともっと聴いていたかった。ラサール石井にそなわった舞台人としての教養が、漫才という藝に自然と溶けこんでいるのに感心させられたのである。

（二〇一六年四月号）

イニシュマン島のビリー

空前の高齢化社会にあってなお、戦前戦時下の暮しをまがりなりにも体験した人たちが年年減っている。その残り少なくなった輩のひとりとして、戦後このかた極端にその価値の軽くなってしまったものと言ったら、生活用具で時計と傘、そして食料品にあっては、そう鶏卵につきるとつくづく思う。十個入りパックが二百円台で買える。

スーパーマーケットなんてなかった戦前では、鶏卵は乾物屋で扱う商品だった。もちろん鶏肉屋にも置かれていたが、いずれも一個、二個のバラ売りバラ買いがふつうだったのは、それだけ高価だったからだ。言ってみれば高級品なので贈答用のものなど、立派な箱に敷きつめられた籾殻《もみがら》に埋められていたものだ。名人古今亭志ん生の長男十代目金原亭馬生・美濃部清の生まれた一九二八年は、昭和恐慌の真っただ中。志ん生一家は貧困のどん底にあった。志ん生の口ききで落語家になった八代目三笑亭可樂は、その時分小唄久和派の家元幸久和と世帯をはっていて、仲間から羽振のよさを羨ましがられていた。「志ん生ンとこに清が生まれたとき、鶏の卵十《とお》ばかし届けてやったら、志ん生のかみさんはち巻して横ンなってたけど、えれえ喜んで……」と語っていたものだ。一時代の光景が鶏卵を通してセピア色よろしくうかんでくる。

貴重品扱いの鶏卵だから、食したあとの殻まで再利用された。みがきぬかれた格子戸わきに植木鉢の並べられた下町の仕舞屋《しもたや》で、その植木鉢の土の上に半分割された鶏卵の殻が伏せられているのを見かけたものだ。お呪《まじな》いじみているが、いくらかでも土の養分にとの願いがこめられていたのだろう。お祭りや縁日に出る露店のカステラ風焼菓子屋にも、これ見よがしに鶏卵の殻が山積みされていたものだが、あれも高価な鶏卵をふんだんに使用してると訴える一種の宣材だった。

マーティン・マクドナー作、森新太郎演出『イニシュマン島のビリー』(二〇一六年三月世田谷パブリックシアター)の舞台は、一九三四年のアイルランドはイニシュマン島の田舎の一角にある小さな商店。カウンターに鶏卵の入った籠が大切な商品よろしく置かれている。この鶏卵が、ハリウッド映画のパイ投げよろしく、三つ四つ五つと、ひとの顔にぶつけられるのだ。愛すべき食糧品の鶏卵が、ときに暴力の手助けをする武器にもなることを教えられる。一九三四年のアイルランドの鶏卵の値段がいか程か知る由もないが、不景気時代の昭和との連想からも、貴重な食品であったことは間違いないだろう。

ダイエー・ホークス球団がソフトバンク・ホークスになって、王貞治が監督に就任したが、連敗がつづいた。激怒したホークスファンが、選手の乗りこんだバスにむかって鶏卵を投げつけたことがあった。王やホークスの選手が気の毒というより、鶏卵の価値が下ったのを具体的に教えられた思いがした。

鶏卵で思い出すのは、エルサレム賞を受けた村上春樹の、

高く、固い壁とそれにぶつかると割れてしまう卵があれば、私はいつも卵の側に立つ。

というイスラエルでのスピーチだ。

（二〇一六年五月号）

東横歌舞伎の時代

戦時下だった子供の頃、日曜日に日本橋のデパートでの親の買物につきあわされるのが、けっして嫌じゃなかった。呉服売場での退屈きわまる時間をしのぎさえすれば、ほしい玩具を買って貰えたし、屋上の遊園地で遊び、食堂で小さな旗の立てられたお子様ランチにありつけたからだ。いちばん多く連れて行かれたデパートは、日本橋でも三越や髙島屋ではなく、いまは姿を消してしまった白木屋だった。何番売場とかに係の番頭がいて、いわゆる帳面で買物してたのだ。

白木屋の屋上遊園には、お定まりのメリーゴーラウンドがあったかどうか。記憶にはっきりしてるのは、ペダルを踏んで動かす子供自動車と、一発一発そのつど球を入れてはじくパチンコ。一等の穴にはいるとキャラメルがひとつ出てくるのが嬉しかった。はずれは飴玉一個だった。それと飼い馴らされた四十雀《しじゅうから》が嘴《くちばし》にはさんではこんでくる御籤。肝腎の御籤の吉兆にはまるで関心がなく、開きもせずにそのまま親にわたした。

たしか高校をなんとか卒業させてもらったばかりの頃だ。小遣い銭に困って白木屋に出むき、カメラを帳面で購入。フィルムは入れたがほとんど撮らずに質屋に持ちこんだ。送られてきた請求書で知った親父に大目玉を喰らい、それがきっかけでわが家と白木屋のつきあいは終った。

その時分のデパートは劇場を内蔵してるところが多く、日本橋三越の三越劇場、浅草松屋のすみだ劇場、渋谷東横の東横劇場、お得意だった白木屋にも白木劇場というのがあった。上野の松坂屋には松坂屋シネマという映画館があった。なかでいちばん足繁く通ったのは、やはりいまも健在の三越劇場だろう。歌舞伎、新劇、落語会、文楽。大理石とステンドグラスに彩られたこの劇場の舞台で、初めてふれた名優、名人の名をあげだしたら際限がない。それにひきかえわが白木劇場での観劇記憶となると、現市川猿翁が出てたはずの慶應高校の学生芝居と、石井伊吉といってた毒蝮三太夫や服部哲治のいた「山王」という妙なグループ名の公演くらいだ。すみだ劇場では、かたばみ座といった小芝居の『四谷怪談』を観ている。

上村以和於著『東横歌舞伎の時代』（二〇一六年一月　雄山閣）を読んで、なつかしく思い出すことが沢山あった。東横ホールの名で、渋谷東横百貨店内に一九五四年に開場したこの劇場は、八五年に三十一年の歴史を閉じるが、この著は開場時から十六年間公演を持った俗称「東横歌舞伎」について語っている。

この東横歌舞伎にも何度かふれたし、ここで上演された数多の新劇の名作も忘れ難いが、私が東横という名を耳にして、まずまっ先にイメージするのは夭逝した天才プロデューサー湯浅喜久治だ。湯浅の手がけた「東横落語會」は世に言うホール落語会の嚆矢だが、戦後の古典落語の格調維持につとめたのが最大の手柄だろう。出演者を八代目桂文樂、古今亭志ん生、三代目桂三木助、三遊亭圓生、五代目柳家小さんの五人に厳選し、プログラムに下座の名も明記したのだ。

イサム・ノグチによるドンゴロス状の茶褐色の緞帳、地下鉄の震動音、懐かしさはつのるが、はてあのデパートでの買物の記憶は……。

（二〇一六年六月号）

ビニールの城

風俗、流行、文化の領域には、思えば一瞬の存在だったというのがいくつもあって、「ビニ本」などもそのひとつだろう。こころみに若い男性何人かに訊いてみたのだが、ビニ本の存在すら知らないのがほとんどで、「少女コミックですか」というのがひとりいた。手もとの『戦後史大事典』(三省堂)と『大衆文化事典』(弘文堂)をひらいてみたら、二冊ともに「ビニ本」が立項されていて、執筆者は『戦後史大事典』が長谷川卓也、『大衆文化事典』は清田義昭だ。ちなみに両事典の刊行は「戦後史」が一九九五年で「大衆文化」は一九九一年だ。「ビニ本」は前世紀の遺物ということになるか。

大手出版社発行の週刊誌が毎号のように掲載しているとあって、いまや珍しくもなんともないヘアーヌード写真だが、陰毛の写った映像や写真は刑法第一七五条の猥褻図画と見なされ、警察に厳しく取締られた時代もあった。既にヘアー解禁になっていた旅行先のアメリカやヨーロッパで手に入れた、ヘアーヌードを掲載している雑誌「PLAYBOY」

「PENTHOUSE」などが、羽田や成田の空港税関で没収されるという憂き目を見た御仁も少なくない。なかにはワイシャツの背中に着込んで、無事通過した豪の者もいたようだ。

さて、「ビニ本」である。

世に裏口業者のタネはつきないが、ヘアーを下着ごしにうっすらのぞかせたり、ぼかしを入れた、御婦人の大股開脚写真集を、正規の出版取次ではない闇のルートを使って書店に流したのだ。定価は千五百円から二千円。本屋での立読防止策で、厳重にビニールコーティングされてたことから、ビニ本の名称が生まれた。神保町界隈にはビニ本専門店が何軒もあったし、一般の書店でも当節のコンビニエンスストアの成人向雑誌コーナーよろしく、ビニ本コーナーを設置するところもあらわれた。一九七六年頃に出現したビニ本だったが、八〇年の取締強化であえなくその姿を消した。

取締が強化されたのは、ビニ本製造業者の過当競争から露出度が高くなったためと言われるが、過当競争を招くくらいのブームを生んだことになる。事実、ゾッキ本専門のちっぽけな古書店が、ビニ本に手を染めたおかげで急成長、店舗を数軒ふやしたものである。

一九八五年、閉館していた浅草の常盤座に、大がかりなセットを組んで劇団第七病棟が上演したきり、幻の戯曲化していた作品が、蜷川幸雄追悼公演として三十一年ぶりに復活した。唐十郎作、金守珍演出『ビニールの城』（二〇一六年八月　シアターコクーン）。

別れた人形の夕顔を探しつづける腹話術師朝顔が出会ったモモとよばれる女は、かつてアパートの一室に捨て置かれていたビニ本のモデルだった。こんな『ビニールの城』の設定だが、ビニ本自体の存在が忘れられている時代に、かえって不思議なリアリティを与えてくれている。

この芝居のパンフレットを、開演前に読もうとしたら開かない。完璧なビニールコーティングがされているのだ。人前でやぶって読むのがなんだか恥しくて、そのまま家まで持ち帰ってしまった。

（二〇一六年九月号）

婦系図

　声色という藝が消えて久しい。古川ロッパの造語になる声帯模写にとってかわられてしまった。もう半世紀も昔になるが、私が熱心に寄席通いしてた頃、どこの寄席にも声色使いの藝人が出演していた。声色は、「演《や》る」ではなく「使う」ということもいつの間にか知っていた。

　声色は芝居の一場面を、人気役者の特徴的な台詞まわしを巧みに真似てみせる藝で、真似られるのは、六代目菊五郎、初代吉右衛門、十五代目羽左衛門、五代目歌右衛門、花柳章太郎、初代喜多村緑郎、井上正夫など舞台役者から榎本健一《エノケン》や古川ロッパ、大河内傳次郎といった映画スターにまで及んでいた。劇中の台詞をひとくさり使うと、そのあとあれは童《わらべ》うたというのか、

　山寺の和尚さんが

毬は蹴りたし毬はなし
猫を紙袋《かんぶくろ》に押し込んで……

と唄の文句を、色いろの役者の声音を真似てしゃべるのだ。

その声色を使う藝人だが、女形専門の山本ひさしは彫り師としても知られていた。本業は柳橋の幇間だった悠玄亭玉介。落語家のように坐って高座をつとめた柳亭春樂は、古今の名優の誰を使ってもみんな同じ口調で、「君のは声色じゃなくて、ただの台詞だよ」と仲間に言われたそうだ。いっとき二代目の江戸家猫八を名乗っていた木下華聲。最後の声色屋と言われた片岡鶴八は、高円寺で印章屋をやっていた時代、ラジオの「素人寄席」の常連出場者で、司会の牧野周一に「よくも彫った」と名づけられた。タレント片岡鶴太郎の師匠だ。

声色の藝人が寄席に出るようになったのは比較的新しく、昭和の初め頃からと言われる。それまでは流しの藝で、銅鑼と拍子木の二人連れで、花柳街などを流して歩いた。森鷗外の『雁』に、薄幸のお玉が高利貸の妾になる見合の席で、「塀の外に、かちかちと拍子木を打つ音」がして、声色屋が「へい、何か一枚御贔屓様を」と、二階にむかって成田屋の河内山と音羽屋の直侍の「声色を使ひはじめた」場面が描かれている。

声帯模写という言葉の誕生は、一九二六年十月、芝の労資協調会館の第一回「ナヤマシ会」。コワイロという語感の古くささを嫌った古川ロッパは、楽屋で思いついた「声帯模写」という言葉を、めくりに自分で書いて舞台に出したという。爵位のある家に生まれ、インテリの矜持を生涯持ちつづけたロッパは、声色という藝につきまとう後ろめたさを払拭したい思いがあったのだろう。

ある意味で芝居見物の代理機能を果していた声色が、声帯模写なる称を得たのと時を同じくして、ラジオ放送が開始され、役者ばかりでなくその声が世間に知られる人が激増したことも、この藝に質的変化をもたらした。

九月新派特別公演、泉鏡花作『婦系図』（二〇一六年九月　新橋演舞場）のお馴染み「湯島境内」の場に、ろ考、一八なる声色屋が出てくる。銅鑼と拍子木で、「ええ、お二階さん」と声をかけ、それでは橘屋をと、

思ひがけねえ丈賀に逢って……

と河竹黙阿彌『河内山直侍』は「入谷村蕎麦屋」の直侍を使っている。

（二〇一六年十月号）

遊俠　沓掛時次郎

アラン・ラッド、ヴァン・ヘフリン、ジーン・アーサー主演のパラマウント作品『シェーン』をなつかしく思い出すひとは、みんなもう高齢者になっている。公開されたのが一九五三年だ。去って行く馬上のアラン・ラッドに少年俳優のブランドン・デ・ワイルドが、「シェーン、カムバック」と叫ぶラストシーンが、いまだ瞼に焼きついてるという年寄を何人も知っている。

川口松太郎の『鶴八鶴次郎』が第一回の直木賞を受賞したのは一九三五年のことだが、その前年に日本公開されたジョージ・ラフト主演のパラマウント映画『ボレロ』に着想を得ていると言われた。『シェーン』が公開されたときにも、ネタ元は長谷川伸の『沓掛時次郎』なのではというまことしやかな噂が流れた。長谷川伸がこの噂にどんな反応をしめしたのかつまびらかでないし、だいいち伸自身『シェーン』を観たかどうかも定かでない。ふだんは「旅まわりの一座などが、伸作品を無断上演しても問題にしなかった」と言われている。それにしても日本人好みの人情味あふれた『シェーン』は、まさしくアメリカ版股旅映画と名付けるのにふさわしい。

長谷川伸には、『相楽総三とその同志』『日本捕虜志』『日本敵討ち異相』のような、歴史から無視され、抹殺された人たちを復権させた、自ら紙碑と呼んでいる民衆史のすぐれた著作があり、多くの識者から高い評価を得ているのだが、やはり『瞼の母』『一本刀土俵入』『雪の渡り鳥』『関の弥太ッペ』『暗闇の丑松』そして『沓掛時次郎』など股旅芝居の作者としてのほうがはるかに通りがいい。

文学、演劇、映像の世界に、股旅物というジャンルを確立した長谷川伸だが、「股旅」という言葉の成立にはかかわりがない。大方の辞書には「ばくち打ちが、旅から旅へ一宿一飯の生活を送ったこと」とある股旅だが、その語源は定かでない。また旅に出るから股旅だと言うのは穿《うが》っているが、「脚のひざから上。もも（つけ根）」を指す「股」の字に、「アゲイン」や「ワンスモア」の意味はない。意味はないが、股旅と書くと、義理人情のしがらみから草鞋をはいてあてのない旅に出るアウトロウたちの哀感が、なんとはなしに感じられて、この当て字は悪くない。

旅イコールレジャーの感覚に馴らされてしまっている現代人は、旅という行為がなにかを捨てることであり、あまり他人に知られたくない目的を有しているものだった時代のあったのをもう忘れている。旅稼ぎ、旅烏、旅藝人、旅人《たびにん》、旅僧、そして股旅。旅の字のつく言葉には、旅する者のかかえた後ろめたさがつきまとっていないか。

『沓掛時次郎』は一九二八年、作者四十四歳のとき村松梢風の個人雑誌「騒人」に稿料なしで掲載された。雑誌が出るとすぐに澤田正二郎から電報がきて、その年十二月帝國劇場での初演となる。上演料は破格の五百円だったという。

シス・カンパニー公演北村想作、寺十吾演出『遊侠 沓掛時次郎』(二〇一六年八月 新国立劇場小劇場)は、太宰治『グッド・バイ』、夏目漱石『草枕』に次ぐ「日本文学シアター」シリーズ三作目となるが、同じ長谷川伸の『暗闇の丑松』ももうひとつのモチーフにした、現代版股旅芝居になっている。

(二〇一六年十一月号)

フリック

自転車のことを「ちゃりんこ」と言い出したのは子供のはずだが、ちゃりんこは少年掏《す》摸《り》を指す隠語で、敗戦直後の上野駅地下道が彼らの巣窟になってるのを知っていた私たち世代は、自転車をそう呼ぶのにいささか異和感を覚えたものである。いまでも大方の「国語辞典」では「自転車・小型オートバイの子供の俗称」の「ちゃりんこ」は、「少年掏摸の隠語」に次ぐ第二義の扱いだが、とっくに第一義を凌駕し、いい年齢をした大人も子供の俗称を口にして、フレームが曲線上になった婦人用自転車をママちゃりなどと呼んでいる。そのママちゃりの普及で、子供の三角乗りを目にしなくなって久しい。

放置自転車が社会問題化している昨今とちがって、敗戦直後は自転車が貴重品だったのはこの国ばかりではなかった。一九五〇年のアカデミー最優秀外国映画賞はじめ、日本では「キネマ旬報」外国映画ベストテン第一位を占めるなど、各国の映画賞を総嘗《な》めにしたのはヴィットリオ・デ・シーカ監督のイタリア映画『自転車泥棒』だった。貧しい労働者が、妻が敷布を入質して得た金で買った自転車を盗まれ、自分も自転車泥棒を試みるが失敗するこの映画は、同じデ・シーカ監督の『靴みがき』とともにイタリアンリアリズムの傑作と頌された。

携帯電話やスマートフォンを片手に自転車を走らせる若者のマナーが問われているが、そんな街なかの自転車風景で姿を消してしまったものに、蕎麦屋の出前持と映画館のフィルム運びがある。何枚もの蒸籠《せいろ》を積みあげた盆を肩に、颯爽と鼻歌まじりの片手で自転車操るいなせな出前持の姿は、古い映画のシーンなどで知ってる若いひとも少なくないと思われるが、映画館のフィルム運びを目にした記憶のあるのは、みんなもう立派な高齢者のはずだ。

映画が娯楽産業の王者だった時代、大手の映画会社は都内だけでも十数の直営館を持っていた。何巻かからなる一本の映画のフィルムを、数館の封切館にまわして上映するため、自転車の荷台に数巻のフィルムを載せ、映画館にとどけると、その館で上映済の巻を受け取り、次の封切館に移送するのだ。フィルムが到着しないため、盛りあがっていたシーンが突如中断され、客席がため息につつまれたり、野次がとんだりしたなんて、シネコン世代の知らないはなしだ。もっとも地方の映画館や、都会でも名画座と呼ばれる古い映画を専門に上映する単館興行のばあい、こんなアクシデントはなかった。いま書いていて気づいたのだが、映画の「封切」という言葉も昨今ではあまり使われなくなった。

アニー・ベイカー作、マキノノゾミ演出『フリック』(二〇一六年十月　新国立劇場小劇場)の舞台は、マサチューセッツ州の田舎町の古びた映画館の客のいない客席。登場人物は映写技師を夢見る男、休学中の大学生、映写技師の女性と、この映画館の従業員三人の若者。無論いずれも映画マニア、それも三五ミリフィルムの愛好者でデジタル化の動きに、複雑な思いが交差する。この映画館には、ほんとは会社に返さなければならないフィルムが何本も眠っているらしい。

(二〇一六年十二月号)

II 二〇一七年

遠野物語・奇ッ怪其ノ参

文学青年を気取っていた高校時代、受験勉強そっちのけで、岩波文庫の緑帯（近代・現代日本文学）の全巻読破に挑戦し、七割方果したのではなかったか。それでも世に言う名作で未読のものが山ほどある。年齢を重ねるごとに、反比例よろしく読書量は減る一方で、いまや必要に応じてがほとんどといったていたらくだ。これが古典文学となると、所謂「つんどく」状態で、たまたま落語や芝居の解説のごとき文章を求められた際、一部を抜き読みするくらいで、大部分が通読していないまま書棚の片隅に差し込まれている。

海外旅行は、こうした古典や未読の名著を通読するのに願ってもないチャンスなのだ。ただ、ほかに読むものは一切持参しないのが条件で、たとえ読みかけのミステリが佳境にはいっていても、帰国するまで我慢する。これは意外に勇気を要する決断で、旅行が長期にわたるときなど、せっかく通読するつもりで鞄に入れた古典に手をつけず、そのミステリを何度も読みかえす破目になりかねない。

そんなチャンスを利用して、スペインで『花暦八笑人』、ニュージーランドでは『北越雪譜』を、バリ島で『日本永代蔵』をそれぞれ通読することができた。あれは一九八六年の夏だったが、ニューヨークで三週間ほど過ごせることになって、そのとき持参したのが為永春水『梅暦』の岩波文庫上下二冊だった。こればかりは顔ににきびなどつけた高校時代に一度通読しているのだが、なんとなく初めて行くニューヨークという都会に『梅暦』がお似合の感じがしたのだ。これは我ながらいい選択だった。伏字が復刻されたという興味が先行して読んだ高校時代の記憶がほとんど失われていたのにもおどろかされたが、なみのポルノ小説からは得られない頽廃情痴の世界を読みすすめるのに、マンハッタンの安宿のデスクとベッドは、またとないよきお膳立でありました。

一代の碩学柳田國男に久しく関心をいだきながら、その文章にふれる機会がなかった。なかでも『遠野物語』には格別の興味があったのだが、この著ばかりは実際に遠野の地を訪れてから読もうと、そう決めていた。

一九八九年から九一年にかけて筑摩書房の『定本柳田國男集』全三二巻がちくま文庫化されたので、「遠野物語」と「山の人生」「史料としての伝説」などの収められている「4」だけでなく、「海上の道」「海南小記」「島の人生」ほかの「1」から、「初期文学作品」「炭焼日記」の「32」まで全巻購入してしまった。特注した文庫本専用の書架にならべられたまま、爾来どの巻のどの頁もひらかれぬまま二十七年がたってしまった。

前川知大脚本・演出『遠野物語・奇ッ怪其ノ参』（二〇一六年十一月　世田谷パブリックシアター）は、柳田國男の原作を、方言や迷信の禁じられている架空の国に設定した舞台に、異界と現実の混合状況が展開される。

芝居を観て、ちくま文庫版の『柳田國男全集4』を懐中に、遠野への旅を実現させようとの思いがますます強まった。わが人生に残された僅かな時間を考えると心許ないが、なんとか果せられたらと願っている。


（二〇一七年一月号）

キャバレー

日本がまだ経済成長する前の、貧しくはあったが奇妙な明るさに充ちていた時代の、クリスマスの夜の大人たちの狂躁ぶりが忘れられない。銀座も、新宿も、渋谷も、池袋も、「ジングルベル」が鳴りひびき、ふだんの数倍の勘定ふんだくられた店から、ホステスの嬌声に送られた千鳥足の男どもが、土産にもらったケーキの箱をしっかりかかえ、さて次なるところへ出かけるべく思案してるのだ。乏しい小遣いやりくって安酒にありついていた若い身空といたしましては、そんな騒ぎにありつけないこの日が、ひどく疎ましかったのを思い出す。

クリスマス騒ぎこそほんの数年で終焉を告げたが、その後の経済高度急成長にともなったキャバレー全盛時代というのがやってきた。成長を支えた戦士たるサラリーマンにとって、格好の慰安所であり、社交場の役割を果したものだ。

昨今のキャバクラとはちょっとちがって、ホステスとダンスを楽しみ、おしゃべりしながらアルコールを嗜《たしな》むシステムで、たいていのキャバレーが専属のバンドをかかえ、ショータイムを売物にしていた。だからこの時代のキャバレーは、多くのミュージシャン、歌手、ダンサー、藝人にとって、稼ぎになる仕事場だった。十代目の桂文治が伸治の頃、「今日の新橋のキャバレーの仕事はキャンセルです」との電話を受け、新橋でキャンセルという名のキャバレーを探して歩いた逸話がある。

そんなキャバレーの余興にタレントを送り込むのを専門にしたプロダクションもいくつかあった。現役やなつメロの歌手、ヌードショーのマヌカン、奇術師、「謎かけ」の得意な落語家などを各地のキャバレーに送り込むのだ。この種の仕事は藝界用語でいうところの「取っぱらい」つまりは現金のその時渡し。あらかじめキャバレー側と取り決めたギャランティから、いくらか天引きした額を支払うのだ。

机一つ電話一本で営業していた、こんなプロダクションのなかには、デビューしたての歌手のたまごの三年先のスケジュールを格安のギャラ先払いで契約し、三年後、超売れっ子の大物に成長したその歌手を、全国チェーンの大キャバレー（業界用語で大箱と言った）の巡演に高額で売り込んで、それこそ一攫千金が夢でなくなった例もある。

「黒い花びら」「君こそわが命」で一世を風靡した水原弘は、勝新太郎、藤山寛美とならぶ藝能界浪費家三羽烏と言われたものだが、二十年の歌手生活最後のステージは本州西の果て下関のキャバレー・ハイライトだった。一九七八年六月二十三日。激しい悪寒に耐えながら二回のステージを終え、その夜の投宿先北九州市小倉のホテルで、黒い血を吐いて倒れた。かつぎこまれた戸畑の健和総合病院で、夫人に看取られながら十一日後に息をひき取っている。

ヒトラーナチスの台頭した一九三〇年代のベルリンのキャバレーが舞台の、上演台本・演出、松尾スズキによるミュージカル『キャバレー』（二〇一七年一月　EXシアター六本木）を観ながら、いつの間にか消えてしまった東京の其処彼処《そこかしこ》に、点在していたキャバレーを懐かしく思い出していた。

（二〇一七年三月号）

食いしん坊万歳！

夏目漱石の作品に、落語からの影響が見られることは、多くの学者が指摘している。事実、『三四郎』のなかで展開される三代目柳家小さん藝術家論、『坊っちゃん』の登場人物の風態、性格、口吻など、落語に対する精通ぶりが窺われる。

江戸の草分といわれる名主の家に生まれた夏目金之助漱石は、子供時代を牛込馬場下で過ごすのだが、まだ十歳にならぬ頃から日本橋瀬戸物町の伊勢本に講釈をききに出かけたという。東京府第一中學正則科、二松學舎、成立學舎を経て東京帝國大學英文科とつづく漱石の学生生活は、一方で寄席通いの歴史でもあった。

漱石と、同じ一八六七（慶応三）年生まれの正岡子規との交遊が始まったのは、一八八九（明治二十二）年一月からだが、そのきっかけとなったのはふたりで交した寄席談義だったとされている。知りあってすぐ、一緒の寄席通いにうつつをぬかした正岡子規は、随筆『筆まか勢』の第一編に、白梅亭か立花亭に出かけるのに「懐中の黄衣公子意にまかせざる」ときは、松木氏だの豊島氏から借用に及ぶことしばしばだったが、「未だ曾て後に其人に返済したることなし」などと書いている。

正岡子規が通った白梅亭と立花亭は、ともに神田の連雀町と通新石町にあった。白梅亭は敗戦直後まで万世橋駅際にあった廣瀬武夫中佐と杉野孫七兵曹長の銅像の筋むかいの二階席。と言っても日露戦争の軍神廣瀬武夫の旅順での戦死は、一九〇四（明治三十七）年だから、子規の通っていた時分銅像なんぞあるわけがない。立花亭は、須田町交差点に数年前まであった果物屋万惣の隣にあった。こちらは戦後の一時期まで、元NHKアナウンサー松内則三が席亭をつとめる立花演藝場として営業していたから、中学校時代の学校帰りに私も何度かのぞいている。鰻の寝床を思わせる、薄暗い陰気な寄席だった。

「落語連相撲」「落語家遺漏」などでその時分の人気落語家に批評を加えている子規は、「一口話し」の実作も試みている。

一　ラムプがこわれた「ホヤ〳〵」

一　若竹亭へいかんか「よせ〳〵」

なんて、なんとも他愛ないお遊びだ。

正岡子規のことを漱石は、「なんでも自分のほうがえらいと思っている、生意気なやつ」と寺田寅彦に言っている。実際、子規は家族、親類縁者、友人、知己から先輩格にあたる人たちにも我儘放題に振舞っている。脊椎カリエスの悪化からほとんど病床にあって書かれた『病牀六尺』『仰臥漫録』は、こうした周囲の人びと、とりわけ母八重、妹律の多大な犠牲の上に生まれた傑作なのだ。

これも若い頃から落語好きで、『真打』『寿限無の青春』などの作品のある小幡欣治が、正岡子規を描いた『根岸庵律女』は一九九八年の作だが、子規の愛した落語や、高浜虚子との対立などまでは筆が及んでいない。ひとえに子規の文学のために捧げられた他者のエネルギーに圧倒され、とても落語や虚子との問題にまでは手がまわらなかったそうだ。

サブタイトルに「正岡子規青春狂詩曲《らぷそでぃ》」とある文学座公演、瀬戸口郁作、西川信廣演出『食いしん坊万歳!』(二〇一七年二月　紀伊國屋サザンシアター)も、子規をめぐる人間群像劇になっている。

(二〇一七年四月号)

夜の歌

高校二年生だった一九五一年九月。まだ裏に川の流れていた新橋演舞場の三階席で、劇団民藝公演の三好十郎作『炎の人』を観るまで、ヴィンセント・ファン・ゴッホという画家の存在こそ知ってはいたが、それほど興味を抱いてはなかった。この芝居で瀧澤修の演じたゴッホの天才と狂気にふれて、その関心が急激に昂った。「群像」に掲載されていた三好十郎の戯曲を読み、式場隆三郎や小林秀雄の著作を買い求め、ゴーギャンとの確執など、波乱に充ちた薄幸の生涯に思いをはせたものだった。

何年かたって、上野の東京国立博物館で日本初のゴッホ展覧会があって、なんとしてもかけつけたかったのだが、とうとう行けなかった。無為徒食の文学青年時代で、それほど多忙であったわけはないはずだが、何故行けなかったのだろう。

一九七六年の七月から八月にかけてのひと月近く、ヨーロッパひとり旅をする機会を得た。四十一歳だった。羽田から途中給油の寄港をつづけるパキスタン航空機で、のべ三十数時間かけてパリに到着した。数日間パリ散策を楽しんで、TEE国際特急列車でオランダはアムステルダムを訪れた第一の目的は無論ファン・ゴッホ美術館である。

訪ねあてたゴッホ美術館の入口に英文の表示があった。英語のからきし駄目な私がなんとか理解したところでは、なんと作品は目下日本に貸出中で、展示してるのはレプリカであるのを了承してほしいということだ。真物とは縁がなかったとあきらめて、レプリカによるお馴染みの作品にふれ、ゴッホ美術館を後にした足で、レンブラントのある国立美術館にむかった。レンブラントを前にしたアメリカ人の団体客に、ガイドがアルフレッド・ヒチコックと口にしながら作品の一部を指さしている。ヒチコック作品には、自身の姿の入ったワンショットがあることは知られているが、レンブラントの描いた群衆のひとりは自画像になっているらしい。

ところで私が行けなかった日本最初のゴッホ展だが、昭和三十三（一九五八）年十月だったと知った。なかにし礼著『夜の歌』（二〇一六年十二月　毎日新聞出版）にそう記されている。ゴッホはともかくとして、なかにし礼の二段組み四五九ページからなる自伝的要素もある長篇小説『夜の歌』を読み終えたいま、ある感慨に襲われている。その悲惨さが共通体験である同世代として、あの戦争の被害者であると同時に加害者でもあったことを示す記述に胸をつかれたのだ。

それと、この作者と同時代を生きた身が、同じ著書を読んでいたことになんとも言えない親しみを覚えた。ドストエフスキー、ボードレール、小林秀雄、大岡昇平、江戸川乱歩、そして久世光彦。さらに切ないのは、なかにし礼作詞による数数の名曲。「知りたくないの」「恋のハレルヤ」「天使の誘惑」「港町ブルース」「今日でお別れ」エトセトラ、エトセトラ……そのタイトルにふれ、頭のなかでメロディをともなった詞章がうかぶと、その時分のおのれの振舞いが思い出されてしまうのだ。ほとんどが顔赤らめるような愚行だが、ほんの少し嬉しかったこともある。

（二〇一七年五月号）

ディファイルド

いきなり私事で恐縮だが、半世紀をこす文筆渡世で、いちばん数多くの読者を得た拙著は、お笑い藝界に君臨している吉本興業の創設者を書いた『女興行師 吉本せい 浪花演藝史譚』で、中央公論社の四六版、中公文庫、ちくま文庫と三度のおつとめをしている。

初版は一九八七年九月刊行だが、取材のほうはその十数年前から始めていた。その時分はまだ吉本せいを直接知っているひとがかなり健在で、その方たちからはなしを伺うべく、じつにしばしば大阪の地をたずねた。それと並行して女今太閤と言われた吉本せいの、生い立ちから不幸だった結婚生活、敏腕ぶりの発揮されたその事業などを調べるべく、国会図書館に通いつめ、古い新聞、雑誌の閲覧とコピイにずいぶんと時間を費した。当時はコピイひとつ取るのに、一週間も要したものだ。

吉本にはあまり自慢できない不名誉な歴史もあるのだが、一九四〇年八月に出来した、二代目廣澤虎造の映画出演をめぐるやくざ同士の抗争が生んだ殺傷事件にまきこまれたなどもそのひとつだ。

人気絶頂の浪曲師廣澤虎造は浪花家なる藝能プロダクションに所属していたが、映画出演に関しては吉本興業が、その事務一切を取り仕切ることになっていた。万事に鷹揚《おうよう》だった虎造は吉本に断ることなく日活映画（『世紀は笑ふ』と言われている）出演をきめてしまったのだ。虎造に日活映画出演を斡旋したのは、女剣劇の初代大江美智子を擁し興行の世界に進出していた籠寅一家の当主で、のち山口県選出の衆議院議員になる保良浅之助だった。この一件が、籠寅の興行界進出をこころよく思っておらず、吉本とはつかず離れずの関係にあった神戸の山口組を刺激する。

浅草の仁丹塔附近にあった浪花家を訪れていた、山口組二代目親分山口登のところに、籠寅一家が殴り込みをかけ、籠寅、山口組双方一名ずつの死者を出し、山口登はこのとき受けた傷がもとで一年後に病死する。このいきさつを記した籠寅の保良浅之助の伝記、長田午狂著『俠花録』を、国会図書館の図書カード目録で見つけ、閲覧を何度もくり返し申込んだが、いつも貸出中なのである。何度目かの図書館側の説明では書庫に保存されてないとのことだった。結局『俠花録』は永六輔が貸してくれ、図書カード目録の引き出しを何度もあけた検索作業のむなしい記憶だけが残された。

数年前必要があって久し振りに国会図書館に出かけた。閲覧手続がコンピューター化され、パソコンには近づかず、携帯電話も持たない私の手に負えない。図書カードを一枚一枚めくったのが、とてつもなく懐かしく思われた。便利さを追求するのは悪いことであるわけないが、その便利さについて行こうとしない老人も、少なからずいるはずだ。

リー・カルチェイム作、鈴木勝秀演出『ディファイルド』（二〇一七年四月　DDD青山クロスシアター）は、元図書館司書の青年が、図書検索システムのコンピューター化にともなって、図書のカード目録が破棄されることに抵抗し、図書館に爆破装置をしかけて立てこもる。ＩＴ文盲の身には考えさせられるところが多かった。

（二〇一七年六月号）

60's エレジー

たしか一九七一年の初夏だったと記憶する。神吉拓郎、品田雄吉、それに「週刊文春」の編集者などと、金沢から北陸路を三、四日かけて散策した。みんなまだ若かったし、うんと身軽だったと、懐かしさがつのって少しせつない。この旅のいきさつは、神吉拓郎がエッセイに書いているので、手もとにある何冊かの彼の著作のページをあさったのだが、見つからなかった。

明日は東京という夜、山代温泉の風情ある宿に泊ったのだが、通された部屋のなげしの四隅に金具がはめこまれている。むかしは寝床をとる部屋の四隅には、蚊帳を吊るための金具がそなわっていたのを思い出した。この地方ではいまでも蚊帳を用いているのかと、宿の女中に訊ねたら、

「蚊なんか出ませんよ。気になるんでしたら蚊取線香でもお持ちしましょうか」

といささか呆れ顔で答えられた。

一九五二年。左派社会党帆足計ら国会議員代表団が、モスクワから中国を経由して帰国したとき、

「北京には蚊や蠅が姿を消していた」

とコメントしたのには、蚊帳のご厄介になっていた高校三年生の私は、かなりの衝撃を受けた。毛沢東主席の中華人民共和国が成立してわずか三年。革命の科学とは、それほどのエネルギーを発揮するものかというのが、そのとき受けた偽りない感慨だった。それからこの国でも革命こそなかったが、東京オリンピック、高度経済成長、バブルによる繁栄と崩壊、気がついてみればいつの間にやら、蚊帳と言ったら『東海道四谷怪談』の舞台でお目にかかるくらいの、古典的生活道具となり果てた。

蚊帳を吊る暮しとは無縁になった当節だが、俳句の世界では依然人気の高い季語である。「歳時記」からひろった私の好きな三句。

よろめきて孤絶の蚊帳をつらんとす
濡れ髪を蚊帳くゞるとき低くする
病む母の坐りてをりぬ蚊帳の中

順に石田波郷、橋本多佳子、向山隆峰による句だ。

加賀の生んだ女流俳人千代が、夫と子供を得たというのは確証がないとされている。代

表句の、

起きて見つ寝て見つ蚊帳の廣さ哉

にはそのあたりの疑問を深めてやまないところもある。あろうことか落語家は、「お千代さん蚊帳が広けりゃ入ろうか」などとこの句を茶化すのだ。

劇団チョコレートケーキ第二十八回公演、古川健脚本、日澤雄介演出『60'ｓエレジー』（二〇一七年五月　サンモールスタジオ）は、一九六〇年代の社会情勢が、東京下町で蚊帳づくりする家族経営の零細工場の解体に至る過程を通して描かれる。蚊帳が必要とされなくなった原因が、網戸の普及という住宅事情の変化にあったことを教えられた。

某デパートの寝具売場に電話して、蚊帳を扱っているか訊いてみた。メーカーに在庫があるかどうか調べないことにはわからないと、答えてくれた女性は、さらにこう言った。

「私、この売場に来て八年になりますが、蚊帳についてのお問い合せは初めてです」

（二〇一七年七月号）

寺子屋の段

気がついてみれば、劇場の座席番号からいろは順が消えた。

欧州の国立劇場に手本を求めたという、日本最初の近代的劇場帝國劇場の開場は、一九一一（明治四十四）年三月で、それまでの芝居小屋の通例だった茶屋出方制度を廃して、椅子席による切符制を採用したのが画期的だった。その座席番号はいろは順による指定で、「一階れ列ヨリ背後ハ二等席ナリ」なんて表示があった。役者にとってはご法度の「とちり」が、客席の前から七・八・九列目とあって、見易いと好劇家には喜ばれた。興行会社に就職して、劇場に配属された新人社員は、客席案内のため「かわをるぬりちとへほにはろい」と、後からのいろは順を暗記させられたという。

明治新政府は、いろは順にかわる五十音順の普及につとめたが、いろは順に馴染んできた年寄連中には評判が悪く、「下足札をどうしてくれる」という声が多かったという。芝居小屋や寄席ばかりでなく、料理屋やデパートでも履物を脱がねばならぬところでわたされる下足札はいろは順だった。戦後も下足制だった寄席の人形町末廣、上野本牧亭の下足札もいろは順で、本牧亭には「鶴・亀」というのもあった。灸院に灸をすえに行っても下足札の順だったようで、古今亭志ん生の『強情灸』に、「への三十六番てのはどのへんで」「への三十六番はずっと尻のほう」なんてやりとりがあったのを思い出す。

「色は匂へど散りぬるを、我が世誰ぞ常ならむ、有為の奥山今日《けふ》越えて、浅き夢見じ酔《ゑ》ひもせず」の「いろは歌」は、日本語を構成する四十七音を重出せずに七五調で羅列した傑作で、成立は平安中期と言われるが、「読み人知らず」だ。涅槃経の説く攝理「諸行無常」「是生滅法」「生滅滅已」「寂滅為楽」を歌にしたもので、弘法大師や菅原道真がその作者に擬されたのは、両人の学殖を讃える後世の人の推測の気味がある。「いろは歌」に先行した「たゐに歌」や「あめつち歌」が、こんにち廃絶してしまったのは、「いろは歌」に見る仏教的攝理も、歌意の一貫性もないからだとされている。

『仮名手本忠臣蔵』『義経千本桜』と時代浄瑠璃三大名作をなす『菅原伝授手習鑑』の四段目「寺子屋の段」は、『菅原』の代名詞になっているくらいお馴染みだ。この段切れの浄瑠璃が「いろは送り」と呼ばれる趣向で、第一九九回人形浄瑠璃文楽公演（二〇一七年五月　国立劇場小劇場）では、豊竹咲太夫が鶴澤燕三の三味線で語った。

いろは書く子を敢《あ》へなくも、散りぬる命、是非もなや。明日の夜誰れか添《そ》へ乳せん。らむ憂い目見る親心、剣と死出のやまけ越え、あさき夢見し心地して、跡は門火に酔ひもせず、京は故郷と立ち別れ、鳥辺野指して連れ帰る

と、見事に「いろは歌」のリズムを踏襲している。浄瑠璃のきかせ所を「さわり」と言うのだが、同じさわりでも一段と格調が高いのが真髄だろう。『菅原伝授手習鑑』は、竹田出雲、三好松洛、並木千柳、竹田小出雲の合作によるものだが、この「いろは送り」のところなど、「わくわくしながら工夫したにちがいない」と戸板康二が書いている。

（二〇一七年九月号）

ミュージカル　にんじん

一九四七年四月、私立の麻布中学に入学した。入学してすぐ映画研究部に入った。先輩に新東宝で映画監督になった山際永三、和泉二朗の名でぶどうの会演出部に加わった林某がいた。アバンギャルドに滅法強い映画評論家になって、五十五歳で逝ってしまった佐藤重臣が一年上で、彼とは卒業後、府中や中山の競馬場でよく顔を合わせたものである。名騎手野平祐二が乗ってNHK杯を制したキングダンディーは、彼の父親の持馬だった。

映画研究部ではガリ版刷りの機関誌「ソフトフォーカス」編集のお手伝いをした。はやいはなし映画館の広告取りだ。肝腎の広告が貰えなくても「せっかくだから、観て行きなさい」と無料鑑賞できたし、広告代も招待券代用のケースが多かったから、洋画、邦画問わず沢山の映画をタダで観られたのが役得だった。

占領下とあって、封切される洋画はハリウッド製作のものが圧倒的に多かったが、戦前に東和商事の輸入した、ルネ・クレール、ジャック・フェーデ、ジュリアン・デュヴィヴィエなんて巨匠の監督になるフランス映画の面白さを教えてくれたのも、映画研究部の先輩たちだった。これらの映画を専門に上映する名画座と称する映画館が各地にあって、新宿帝都座の五階、有楽町の毎日新聞社地階、万世橋のシネマパレス、上野松坂屋内などの名画座に熱心に通ったことを思い出す。

そんな戦前に輸入されたフランス映画では、ジュリアン・デュヴィヴィエ監督作品が好みだった。メロドラマが多かったからだろう。『望郷』『我等の仲間』『舞踏会の手帖』『商船テナシチー』『モンパルナスの夜』などなど。なかでも『望郷』と『我等の仲間』は数回観ている。そのジュリアン・デュヴィヴィエの名を一躍日本の映画ファンに焼きつけたのが、一九三四年五月帝國劇場で公開されたジュール・ルナール原作『にんじん』で、にんじんと呼ばれ、田舎町で仲間はずれにされている十四歳の少年をロベール・リナンが演じていた。そばかすだらけの、あどけない表情と、モノクロ映画でありながら人参色に見える髪の毛が強い印象を残した。

一九七八年、劇団民藝が三越劇場で『にんじん』を上演している。にんじんは松本典子で、とてもよかった。このパンフレットに、彫刻家高田博厚が、デュヴィヴィエの『にんじん』でにんじんを演《や》り、成長していたロベール・リナンとパリの地下鉄で出会って「簡単に言葉を交した」と書いている。言葉を交したのが、高架になった地下鉄が「セイヌ河の鉄橋にかかって、右手にエッフェル塔が見えるあたり」とあるのが私には感慨ぶかかった。と言うのは一九七六年、初めてパリを訪れたとき、投宿したのが開業したてのホテル・ニッコーで、地下鉄が高架になっているビルアケム駅のすぐそばだった。高田博厚とロベール・リナンと同じ光景に身を置けたことになる。ロベール・リナンは抵抗派《レジスタン》でナチスにより処刑されたそうだ。

松竹製作、山川啓介脚本、栗山民也演出『ミュージカル　にんじん』（二〇一七年八月新橋演舞場）では、還暦をむかえた大竹しのぶがにんじんを演じている。

（二〇一七年十月号）

鼓

まだ柳家小ゑんだった立川談志や、全生だった五代目三遊亭圓樂が、「大阪に桂米朝というすごい落語家がいる」と口をそろえて言うものだから、ぜひその高座にふれて、会ってみたいと大阪まで出かけたのは、東海道新幹線の開通が待たれていた時分で、大阪もいまよりずっと遠かった。

その頃の私には、落語ばかりか上方藝能そのものに一種の偏見があったような気がする。心斎橋で地下鉄をおりて、戎橋を渡り道頓堀にむかうとき、なんだか敵地に足踏み入れるような気がしたものだ。東京人としての矜持を気取っていたのかといま思う。若かったよなあ。

桂米朝を通じ、六代目笑福亭松鶴、小文枝時代の五代目桂文枝、それに小松左京などと知りあえたことで、私は上方文化の真髄を教えられた。江戸、東京で育まれた文化藝能に対するのと、同じ物差しで上方の藝能を測ることが間違っていたのに気がついたのだ。上方藝能に開眼したと言っていい。

　それからは頻繁に大阪通いするようになる。一九七〇年の万博騒ぎ以前は、さしたる用事もないのに月に一度は大阪を訪れていた。そんな私に、桂米朝は言った。「いまの上方の藝は、独特の色が気づかんうちに、どんどん薄まってますのや。古いまんまで演っている捨丸・春代の漫才なんて、いま大阪でも滅多に観られへん。ええ機会やから観ときなはれ」。薦められるまま神戸のなんとかいう古い劇場で、たったの一度だけ見《まみ》えることのできた、砂川捨丸・中村春代だ。

　古風と言えば古風につきた漫才だった。いや漫才以前の萬歳を彷彿とさせる藝だった。紋付羽織袴姿で、「漫才の骨董品でございます」と言いながら、ポンポンと手にした鼓《つづみ》を打つ捨丸。いい間合いでその捨丸を張扇でたたく相方の春代。捨丸の功績は、串本節を全国にひろめたことと言われるが、このときの高座ではうたわなかった。

　入場者数およそ六千四百二十一万人を数えた、日本万国博覧会が大阪・千里で開かれたのは一九七〇年三月から九月にかけてのことだったが、付帯したいろいろの記念事業もあって、「一九七〇年の大阪の藝」というのをビデオテープにおさめ、タイムカプセルにして埋めることになった。上方落語、漫才、人形浄瑠璃文楽。砂川捨丸・中村春代の漫才もそれに加わっている。

タイムカプセルの収録は、毎日放送のスタジオで行なわれた。捨丸・春代の古風な漫才が収録されたとき、副調整室のスタッフがつぶやいたものだ。「石童丸がどないした、あないしたって。これ一九七〇年の大阪人かて、ようわからんのとちがう」

収録を終え、「お疲れさま」になったとき、捨丸が言ったそうだ。

「これ、いつ出まんね」

砂川捨丸、万博の翌七一年十月に八十歳で世を去った。

松竹新喜劇新秋公演（二〇一七年九月　新橋演舞場）の、松竹新喜劇「裏十八番」の内、舘直志作『鼓』で、髙田次郎が砂川捨丸がモデルとされる此花家梅子を演じ、時代に取り残された老藝人の悲哀をにじみ出してくれた。

（二〇一七年十一月号）

カジノ・シティをぶっとばせ!!

山の手で育って私立の中学に入った私に、花札を教えてくれた級友は下町っ子だった。カードと言えばトランプで、それも婆婆抜きはともかく、「ツウ・テン・ジャック」とかせいぜいが「セブン・ブリッジ」どまりの中学生に、「コイコイ」というのはかなり強烈なゲームだった。

刺激的な「コイコイ」だけでなく、「八八」だの「馬鹿ッ花」なんて遊び方や、相手を無視することを意味する「しかと」は、もみじの絵柄の鹿が横をむいて、それが十点札であることからきてるのも教わった。結局、夢中になったのは、「コイコイ」と「オイチョカブ」だった。

トランプは品がよくて、花札は品がよくないというイメージが、どうもよくわからない。思うに、花札は一七九一（寛政三）年に博奕用かるた札として、お上から販売禁止令が出るなどした暗い歴史のあることと、座布団前にして札をたたきつけながらゲームに熱中する姿には、もろ肌ぬいだ倶梨伽羅紋紋《くりからもんもん》が、どうしても似合ってしまうからだろう。

地球温暖化のせいで、いささか怪しくなってはきたが、日本列島くらい四季折折の変化に恵まれているところはないと言われる。そんな環境から育まれた自然をいつくしむ日本人の心が、あの花札の秀抜なるデザインを生み出した。一月松、二月梅、三月桜、四月藤、五月菖蒲、六月牡丹、七月萩、八月坊主（芒）、九月菊、十月紅葉、十一月雨（柳）、十二月桐である。八月坊主は芒と中秋の名月のことで、坊主頭のひとを見れば、「あなたは八月生まれ？」などと冗談を言うひとがいたものだ。十二月が桐なのは、さいころの一の目がピンで、終りを切りという「ピンからキリまで」の洒落だそうだ。いずれにせよ、こんな季節感をカードに託す感性は、かのトランプやタロットにはない。ついでに記せば、トランプは英語の trump card で、切り札のこと。明治のはじめ、居留地で外国人が口にしてたのがそのままカード名になったとされている。

むかしのはなし家、藝人には、彫りものつまり刺青を自慢にしてるのが少なくなかったと言われる。彦六の隠居名で死んだ八代目林家正藏にきいたはなしだが、全身に原寸大の花札を散らした彫りものをした老藝人の、その花札がどう数えても四十七枚しかない。「あと一枚は」と訊ねると、にやりと笑って足の裏を見せたら、桐のカスが彫ってあったそうだ。

桐のカス札には、天狗とか任天堂と製造者名が、けっして小さくない字で刷られていたものだ。いまや世界的なゲーム機メーカー任天堂の名を、私は中学生の頃から知っていた。と言って、あまり褒められたはなしじゃない。文房具屋などで花札を購入するときは、一組だけにして、何組も一度に買うものじゃないと、これは大人になってから色川武大というより阿佐田哲也に教えられた。

劇団スーパー・エキセントリック・シアター公演吉高寿男脚本、三宅裕司演出『カジノ・シティをぶっとばせ!!』（二〇一七年十月　サンシャイン劇場）は、過疎化のすすむ田舎町がカジノ誘致を企てるが挫折。あらためて日本古来の花札、オイチョカブで再起をはかろうとするナンセンスドラマだ。

（二〇一七年十二月号）

III　二〇一八年

いんたあみっしょん

よんどころ無い事情で書斎を離れることになり、手許の資料が使用できず、今回の「當世藝能見聞録」は、「いんたあみっしょん」なる番外篇でひと息つかしていただくのをお許し願いたい。

初めてひとりで芝居を観に出かけたのは、私立の中学に入学した一九四七年で、有楽座のエノケン劇団・ロッパ一座合同公演、菊田一夫作・演出『彌次喜多道中膝栗毛』だった。七十年前のことになる。気がつけば、連日の劇場通いが仕事になって、これまでいったい何本の芝居を観てきたことになるだろう。この国には、ただの一度も劇場やホールに足踏み入れることなく一生を過ごす人のほうが多いことを考えると、おのが果報が身に沁みる。

ただでさえ乏しい小遣いやりくるだけでは足りず、ときには家の金持ち出して、好きな芝居を追いかけていた若い時分を振り返ると、昨今の演劇事情、就中《なかんずく》新劇の舞台の様相の大きくさま変わりしていることに、いまさらながらの感嘆を禁じ得ない。六〇年代に、明確な旗じるしとして掲げてはなかったが、「反新劇」の精神に裏うちされた小劇場グループが輩出する以前の、文学座、俳優座、劇団民藝の御三家体制下にあった新劇は、その周辺に割拠していた群小劇団をふくめて、ほとんど同一の規範にもとづく上演形態を踏襲していた。

その時分の新劇の舞台は、必ず緞帳を使用していたことを、若い世代の観客は知らない。既に緞帳の飛んでいる開演前の客席に着いて、舞台装置が露呈されている光景にすっかり馴らされてしまったが、あれは緞帳の設置されていない施設を会場に上演するケースのほとんどだった小劇場が始めたことで、既成の新劇団もそれにならうようになったのだ。緞帳が新劇の象徴だった時代が、いつの間にか終りを告げた。

出帆よろしく銅鑼の音で開幕を告げる習慣もなくなった。客席が暗くなると、緞帳の裏で銅鑼が打ち鳴らされ、打ち終ると静かに緞帳があがる築地小劇場以来の伝統で、一九二四年の築地小劇場開場時の銅鑼は、原爆で散った丸山定夫が叩いたという。戦後もしばらくつづいた新劇の銅鑼の音の開幕は、劇団民藝を最後に姿を消した。

銅鑼を使わず、開幕にチャイムを奏でたのが文学座で、いかにもこの劇団にふさわしいムードがあったように思う。毎月刊行されている広報誌「文学座通信」も、一時期は「ちゃいむ」というタイトルだったのを思い出す。

いまや恒例になっている新劇のカーテンコールだが、むかしは初日と千秋楽に限られたセレモニーだった。それも出演者全員が一列に並んで、誰かが挨拶をするだけのしごく簡単なもので、既に出番を終えた役者など、化粧を落とし、衣裳も自前のものに着がえて列に加わっていたものだ。そんなカーテンコールでも、なんだかオマケがついているようで、都合のつく限り初日か千秋楽を選んで出かけたものである。こんにち見られる、演出の加わったカーテンコールが連日行なわれるようになった先駆けは、劇団四季ではなかったか。

（二〇一八年一月号）

志の輔らくご　GINZA MODE

もう何度も書いたことだが、私立の中学に入ったときから、何人かの下町住まいの悪友の手引きで、放課後、映画や芝居、日本劇場のレビューや寄席をのぞく悪さを覚えた。学校帰りに寄るのだから悪さに違いないが、敗戦直後の都会の少年にとっては、それが欠くことのできない教養でもあった。そうやって観てきた感想を、翌日の休み時間の教室や、ときには授業をさぼった屋上の片隅で、熱っぽく語りあうのだ。

そんな語りあいの場で、私たちの意見を幼稚な論理だと鼻であしらう嫌な奴がひとりいた。私と同じ山の手育ちのそいつは、映画や演劇だけでなく、文学や美術、音楽などの見識も高く、無論学校の成績はとても歯が立つものじゃなかった。

私がまだ能を観たことがないのを知ったその嫌な奴は、「能も観たことのない人間に、芝居が語れるか」と軽蔑しきった調子で言いはなった。かっとなって、その日のうちに水道橋の能楽堂にかけつけた。能楽堂なんてあまりかっとなって出かけるところじゃない。

たしか一九五一、二年のことである。

初めて足踏みいれた能楽堂は、通いなれた劇場とはまるでちがった雰囲気にとりすましていた。客席を「見所《けんしょ》」と呼ぶことも知らなかった身に、能楽堂の客の気取った姿が、なんとも縁遠いものにうつる。「おしらべ」と称することもあとで知ったのだがオーケストラのチューニングよろしく、笛や小鼓大鼓の音が遠くきこえてくる段階から、客はしわぶきひとつたてない。場ちがいな高校生は、いたたまれるものじゃなかった。最近でこそ演能の終りに拍手をするが、あの時分は拍手をしないのがきまりとされていた。

そんな気分を味わいはしたものの、能にはそれなりの魅力があった。ただ、歌舞伎や文楽、新劇などとちがって、予備知識のあった方がよいかと、かなり最近まで権藤芳一『能楽手帖』(駸々堂出版)や平凡社の『能・狂言事典』で曲の解説を読んでから出かけたものだ。ところがそうすることによって、演能から物語を追いかけている自分に気づき、予備知識なしにふれるようにしてから、より一層能の面白さにひたれるようになった気がする。

銀座の松坂屋跡にオープンしたGINZA SIXの地下三階に、二十五世観世左近記念　観世能楽堂が誕生して、銀座の能楽堂がふたつになった。一九八一年の一年間、「銀座百点」に銀座がらみのエッセイを連載した際、銀座のなんとかビル九階にある能楽堂で、シテ櫻間金太郎の『三輪』を観たのはたしか四月二十九日、天皇誕生日だった。祭日の昼間の街の音がかすかにきこえる見所で、天岩戸伝説の興趣に堪能して以来、銀座の能楽堂とは縁がなかっただけに、新しい観世能楽堂に是非行ってみたいと思った。

毎正月恒例だった立川志の輔の落語会が、会場の渋谷ＰＡＲＣＯ劇場改築のため、今年は観世能楽堂での「志の輔らくご　ＧＩＮＺＡ　ＭＯＤＥ」（二〇一八年一月）と相成り、観世能楽堂初見参は能ならぬ落語ということになった。地下三階にたどりつくまでうろうろしたが、一月十五日に出かけてきました。演目は手馴れた『買い物ブギ』と『徂徠豆腐』。

（二〇一八年三月号）

真実

岸田今日子が世を去って十二年になるのだが、初対面の場景を忘れかねている。「東京中日スポーツ」に連載していたインタビューのため訪れた三百人劇場の応接室で、一九七五年のことだ。

私の差し出した肩書のない名刺を手にとると、「矢野さんって嘘ばかりついてるんですって?」と言って、にっこり笑った。本当のことだけに、あれには参った。その頃四谷に「F」という酒場があり、演劇人のたまり場の様相を呈していて、岸田今日子の所属していた現代演劇協会の若手連中もよく顔を出していたから、おそらくそのあたりからの情報だろう。「でも、原稿用紙には本当のことしか書きません」と言い返すのが精一杯だった。言い返して、そのインタビュー記事にこんなことを書いている。

「NHKテレビ小説『水色の時』の岸田今日子のナレーションを、『あの声をきかないと目がさめない』という人がいる。たしかに朝のすがすがしさにふさわしい声だ。ところが昼すぎの再放送されたものにふれると、これがけだるい昼下がりの空気にぴったりの声にきこえるのだ」

　唯物論弁証法では説明のつかないこの記述を岸田今日子は、「やっぱり嘘つきの文章だけど、ほんとのことに読める」と喜んでくれた。近松ではないが、「虚実皮膜の間」。嘘と真実のあいだってなんだろう。

　子供の頃、誰もがきかされた「嘘つきは泥棒のはじまり」という俚諺《りげん》の出典は、『世間御旗本容気《かたぎ》』だそうだが、「嘘」は悪徳であるとする昔からの社会通念は、万国共通のものとなっている。嘘の最大の効用は人を騙すところにあるから、騙されてはなにかと具合の悪い人が世間には沢山いて、その人たちが、「嘘ばかりついている私のような人間は、死んでから地獄で閻魔さまに舌を抜かれる」なんて怖い教訓を創り出したにちがいない。そして、そんな教訓の作者たちは、結構自分では巧妙きわまる嘘をついたのではあるまいか。なにしろいけないことだと言ってる当人がつく嘘だから、案外真実味があって、その効用の程も格段と大きいはずである。

　嘘を悪徳とする一方に、「嘘も方便」なんて言葉もあって、こちらは「愚夫愚婦を導くためには、ときとして嘘や譬《たと》えを使うのも必要」とした仏教上の便法らしい。べつに導かれなければならない愚夫や愚婦でなくても、「ためになる嘘」や「ひとを楽しくさせる嘘」

もあって、世のなかを円滑にはこぶために大切な役割を果しているのが、それこそ嘘じゃないこともみんな知っている。「道理に合わない言葉や作り飾った言葉」のことをいう「狂言戯語」が、そのまま小説やお芝居をさしているように、「嘘の楽しさ」なくしてお芝居は成立しない。手だれの劇作家川口松太郎には秀句も多いが、私のいちばん好きな句。

短夜や嘘《うそ》と知りつつ聞く話

文学座公演、フロリアン・ゼレール作、鵜山仁訳、西川信廣演出『真実』(二〇一八年二月 シアターウエスト)は、互いに友達づきあいしてる二組の夫婦のダブル不倫のはなしだが、ばれないようについた嘘がまた嘘を生んでいくなかに真実が見えてくる、出来のいい喜劇だ。

(二〇一八年四月号)

長女

毎年一月に贈呈式とパアテイが行なわれる紀伊國屋演劇賞の会場は紀伊國屋ホールだが、以前はホテル・ニューオータニだった。受賞者をかこんでの懇談は新劇人の新年会の趣きもあったが、参会者のみんなが楽しみにしていたのが、恒例になっていた劇作家の長老阿木翁助の毒舌とユーモアあふれた来賓挨拶だった。記憶をたどって、ひとつだけ披露すればこんな調子だ。

「一年三百六十日のうち、三百日を酒場で働き、春二十日、秋も二十日は実家に帰って、田植と稲刈りのお手伝い。あとの二十日に芝居をする。こんな人を女優と呼べますか」

本名安達鉄翁の阿木翁助は一九一二年長野下諏訪に生まれ、三〇年に上京し築地小劇場研究所に入所したのが演劇人としてのスタート。三五年都会的で洒脱な軽演劇の上演で学生インテリ層の人気を集めていたムーラン・ルージュ新宿座で上演された、大正期の紡績女工の実態を描きベストセラーとなった細井和喜蔵著『女工哀史』のパロディ『女中あい史』が評判になり、一躍人気劇作家となった。

私の観た阿木翁助作の芝居と言えば、一九五六年一月に世を去ったタレント議員第一号で、衆議院議員を四期つとめた「のんき節」の石田一松の伝記劇ただ一本である。たしか『演歌有情』という題で、一九五八年に読売ホールで上演された。薄田研二が一松を演じ、ほかに古川ロッパ、薄田夫人の内田礼子、北村昌子などの出演で、その他大勢組にはのちのマルセ太郎も丸瀬なんとかの名で出てたはずである。まったく余計なことを思い出したから書くのだが、この公演中に古川ロッパが北村昌子宛に出したラブレターを、貰った北村昌子からロッパの息子の古川清と一緒に見せられている。無論、ロッパ死後のことだ。

五八年、日本テレビ放送網の芸能局長に就任した阿木翁助はのち常務取締役となるが、一方で久保田万太郎門下の集いである「茶の間の会」の中心メンバーとして、多彩な交遊ぶりが伝えられた。自他ともに許す酒仙で、人なつこい柄は、誰彼かまわず語りかける癖もあり、その並みはずれた大声はふつうの会話が、まるで叱りつけているようにきこえたものだ。

二〇〇二年九月に世を去った阿木翁助だが、私がその姿にふれた最後は一九九六年五月で、いささか衝撃的な光景だった。文学座アトリエ公演、平田オリザ作、坂口芳貞演出『思い出せない夢のいくつか』が始まって五分もたたない頃だった。客席の最前列にいた阿木翁助が、「やめろッ」と怒鳴りながら、手にしたステッキで床をドンドンとたたいた。一瞬舞台と客席が凍りついたが、そんな空気を無視した阿木翁助はなにやら「ぶつぶつ」呟きながら、堂堂胸を張って客席から去っていった。たまたまこの日、併演された杉浦久幸作、西川信廣演出『水面鏡』に愛娘の郡山冬果が出演していた柳家小三治も客席にいて、いまでも「あれは忘れられない出来事」と言っている。

川和孝企画公演、第四十六回名作劇場で上演された阿木翁助作、川和孝演出『長女』（二〇一八年三月　シアターX）は、敗戦直後の状況下、男手で育てられた姉妹の揺れ動く心情が描かれる一幕ものだが、私のふれた二度目の阿木翁助作品になる。

（二〇一八年五月号）

弁天娘女男白浪

日本がポツダム宣言を受諾して、無条件降伏した一九四五年八月十五日、私は十歳、小学校が改称された国民学校の五年生だった。その年の十二月二十七日封切の敗戦後最初のお正月映画、東宝作品、斎藤寅次郎監督の『東京五人男』に、腹をかかえて笑いまくった。いつの間にか八十歳をこしてしまった現在《いま》までに、あれだけ笑った映画はほかにない。

ぎゅうぎゅうにつめこまれた大人の客たちにはさまれて、大口あけて笑いつづけたのは、戦時中笑うことに対して一種の飢餓状態にあったのが、敗戦のもたらした解放感で一気に充足したのを、子供ごころにも感じとったのだと思われる。四十年後ビデオで再見したが、ほとんど笑えなかった。

この映画は、「GHQ指導に従って企画された第一号」と『東宝五十年史』(東宝株式会社)は記しているが、色川武大によれば、敗色濃い時期に戦意昂揚の目的で撮り始めていたのを、「軍需工場の徴用を解除された五人の仲間が東京の焼跡に帰り、明るく復興に励む」という内容に手直しされたものだという。

その五人男だが、横山エンタツ、花菱アチャコ、古川緑波、柳家権太樓、石田一松と、当時を代表する喜劇人たちだ。古川緑波は古川ロッパで、戦時中英語とまぎらわしい片仮名使用が禁じられていたための処置で、その後すぐ元のロッパに戻っている。

映画や小説、芝居の題名で、「五人男」を名のったものにそれまでふれてなかったから、『東京五人男』の五人男はさしずめ喜劇人五人男を意味するのだぐらいに思っていた。五人男という呼称が、江戸時代の町方において、五軒を一単位の組として編成、連帯責任、相互扶助にあたった組織の「五人組」からの連想で、東京五人男以外にもいろいろの五人男があるのをやがて知るようになる。

「白浪五人男」の存在を知ったのは、実際の舞台や河竹黙阿彌の戯曲を読むより、寄席の高座できいた声色の方が先だった。ほんものの舞台の『弁天娘女男白浪』を観た最初が、いつであったかはっきりしない。尾上梅幸の弁天小僧だったのはたしかだが、一九五九年に文藝春秋新社の文士劇で三島由紀夫の弁天小僧を見ていて、おそらくその前後の年だったと思う。

東京堂出版の『日本名数辞典』で「五人男」を引いてみたら意外に少なく、「白浪」ふくめて三組しか載っていない。

「雁金五人男」の雁金文七・庵の平兵衛・極印千右衛門・雷庄九郎・ほての市右衛門は、一七〇二（元禄十五）年忠臣蔵討入のあった年に、大坂千日寺で処刑された盗賊団だ。「旗本五人男」というのは、飯飼五郎太夫・座光寺源三郎・石井甚兵衛・此村大吉・大河内善兵衛で、こちらは講談で知られる享和年間（一八〇一〜四）の悪旗本だ。どうも「白浪」同様、五人男には善行を積んだ衆はいないようだ。

團菊祭五月大歌舞伎（二〇一八年五月　歌舞伎座）夜の部に、『弁天娘女男白浪』が出ていて、日本駄右衛門・市川海老蔵、弁天小僧菊之助・尾上菊五郎、忠信利平・尾上松緑、赤星十三郎・尾上菊之助、南郷力丸・市川左團次の「白浪五人男」が稲瀬川で勢揃する。

（二〇一八年六月号）

嗚呼、萬朝報！

ヴィクトル・ユーゴー『レ・ミゼラブル』(LES MISÉRABLES) は、全四巻からなる岩波文庫版の訳者豊島与志雄によれば、「惨めなる人々」ということなのだが、子供の時分この作品の題名はもっぱら『あゝ無情』だった。子供むけに翻案短縮されたものが何種か出ていて、そのいずれもが『あゝ無情』だった。

私が岩波文庫の『レ・ミゼラブル』を手にしたのは一九六四年頃だったと思うが、それよりはるかに先の五〇年十一月に、東横映画が伊藤大輔監督によって日本を舞台に翻案映画化したときのタイトルは『レ・ミゼラブル』で、ジャン・バルジャンは日本初の国際俳優早川雪洲だった。ついでに書けば、この東横版のコゼット役は雪洲の二女でバレリーナの早川富士子。ジャベールが薄田研二、それに宿屋の亭主テナルディエの東野英治郎が絶品だった。

翻案された『レ・ミゼラブル』の邦題というべきか、「あゝ無情」なる命題の嚆矢は、黒岩涙香による『噫無情』で、ほかにもアレクサンドル・デュマの『モンテ・クリスト伯』の『巖窟王』、作者の名は忘れたが『鐵假面』のほかに『法廷の美人』(『ダーク・デイズ』)、『人耶鬼耶』(『ルルージュ事件』)など外国の探偵小説の翻案を多く手がけているのを、やがて知った。業績のほうはやがて知ったのだが、黒岩涙香という名はかなり早く、敗戦直後のまだ中学にあがる前から知っていた。

親父が毎週買ってきた「アサヒグラフ」に、「玉石集」というパロディのページがあって、これが多少ませてた子供にはなかなか面白かった。なかの古今著名文人の文章の癖を真似た「文体模写」なるコラムに黒岩涙香調というのがあったのだ。内容はたしか、宝くじがいかに当らないかに激怒憤懣やるかたない思いをぶちまけたものだったように覚えている。大きくなって無為徒食の演劇青年を気取っていた頃、あの「玉石集」の文体模写は、若い頃朝日新聞社にいた劇作家飯澤匡によるものだと当人からきいた。

戦前の花柳界、藝界に多くの読者を持っていた「都新聞」。その軟派記事を集めておきなさいとの小沢昭一のすすめで、彼が最初から十号で廃刊ときめて一九七五年から刊行を始めた季刊雑誌「藝能東西」に「都新聞藝能資料集成大正編」を連載、予定通り「藝能東西」が終刊号を出したあとは、白水社の「新劇」に引継いで頂き、一九九一年二月に白水社から単行本として上梓した。

執筆中いやでも意識させられたのが、「都新聞」のライバル紙というより、まったく対照的な編集方針を貫いていた「萬朝報《よろずちょうほう》」の存在だった。

軟派記事が売物の「都新聞」に対し、四ページで定価一銭の小新聞ながら、著名人のスキャンダル曝露や、社会改良主義に根差した反権力の姿勢に徹した「萬朝報」は、「都新聞」に探偵小説を発表していた黒岩涙香によって、一八九二年十一月に創刊されている。

温泉ドラゴン第十一回公演、原田ゆう作、シライケイタ演出『嗚呼、萬朝報！』（二〇一八年四月　高田馬場ラビネスト）は、奔放な人柄に惹かれ「萬朝報」を盛り立てていく仲間や家庭を通して、黒岩涙香の数奇な半生が描かれる。


（二〇一八年七月号）

怪談牡丹燈籠

国会の予算委員会のテレビ中継で、委員たちが委員長席につめよると、委員長が大声で「速記を止めて下さい」と叫んでいる光景にしばしばぶつかる。国会では「官報」に掲載する議事録作成のため速記者は、必要不可欠な存在なのだ。

テープレコーダーの普及は、速記者の職域をかなり減らしたように思う。雑誌の座談会など、昨今では録音用機材だけに頼っているのがほとんどだが、何年か前までは速記者も同席して、テープレコーダーと併用していたものである。

あの速記だが、いろいろな方式があるようで、早稲田式だの、畑田式だの、同じ言葉でもそれぞれ独自に記号化されているようだ。国会でも、衆議院と参議院では別の方式を採っているときいた。随筆家の江國滋は、座談会に出るたびに、速記者に「女性の身体のある部分の俗称」を、その速記法で記号化したものを書いてもらい蒐集していた。ある小冊子の対談の席で、ご婦人の速記者にその注文をしたところ、

「先生にはもう二度も書いて差しあげました」

とにべもない返事をされたものだが、いまなら、いやいまでなくてもセクハラでしょうね、あれは。

この国の速記術の嚆矢は、一八八二（明治十五）年九月十九日付「時事新報」に、盛岡出身の田鎖綱紀が楳の家元園子の署名で、「日本傍聴記録法」という文章を発表したことに求められる。帝國議會の開設をひかえ、速記術の必要性を説き、「江湖同志ノ士」を集ったものである。この文章は各方面に影響を与え、講習会に参加したなかから漢籍の素養ゆたかな、すぐれた速記者約三十名を輩出している。だが肝腎の帝國議會の開会はまだ先のこととあって、速記はなかなか実用化されなかったし、実地訓練も思うにまかせぬ状態で、折角習得した速記術も宝の持ちぐされの感があった。

そんな折の一八八四（明治十七）年、東京京橋の稗史出版社から、講習会参加者の若林玵藏のところに、人気絶頂の落語家三遊亭圓朝の口演をそっくりそのまま速記して、印刷刊行するはなしが持ちこまれた。若林玵藏はこれも講習会出身の酒井昇造と語らって、上野池之端吹抜亭と人形町末廣で、十五日間にわたり圓朝得意の怪談噺『牡丹燈籠』を速記、十三編十三冊の和装本にまとめ、稗史出版社から世に出した。なによりも三遊亭圓朝の高座で語られる、平易な、日常の言葉で記されている点が、まったく新しい読者層を獲得したばかりか、江戸の戯文調をこえた、明治という新しい時代にふさわしい文体の創造に腐心していた多くの文学者に、格別の刺激を与える。坪内逍遙が「通篇俚言俗語の語のみを用ひ」「宛然まのあたり」と激賞したこの『牡丹燈籠』の速記本が、二葉亭四迷らによる言文一致体文学誕生にちからを貸したのだ。

文学座公演、大西信行脚本、鵜山仁演出『怪談牡丹燈籠』（二〇一八年五月　紀伊國屋サザンシアター）の原作は、もちろんこの三遊亭圓朝口演、若林玵藏・酒井昇造速記本である。

（二〇一八年九月号）

風の演劇　評伝別役実

ひとの文章を読んでいて、「青春」だの「昂揚感」なんて言葉にぶつかると、パブロフの犬よろしく、あの「六〇年安保闘争」の様ざまな光景が甦ってしまう。もはや一九六〇年以後に生まれた人たちの手に、この国の趨勢が託されていることを思えば、なんと女女しく、気恥しいと言われそうで、事実そんな気持がなくもないのだが、こればっかしは仕方がない。

ほとんどすべての劇団が加入していた「安保体制打破新劇人会議」というのがあって、劇団七曜会演出部在籍二十五歳の私は、そこの教宣部の使いぱしりをしていた（青年将校だったと言ってくれる人もいる）。樺美智子の不幸な死のあった六月十五日、新劇人会議のデモ隊も維新行動隊なる右翼の襲撃を受け、何人かの負傷者を出している。その時刻、青山にあった劇団民藝の稽古場で、各劇団の代表者会議に出席していたのだが、襲われたという報告がはいると、気色立った全員が立ちあがったのを、瀧澤修が「まあまあ、静かに」

とおさめて、こんな目に何度もあってきた経験をふまえて、こういう時こそ沈着冷静になることが肝要だと説いた。

その数日後、まだ国鉄だった渋谷駅頭で道行く人に資金カンパを訴えた。メガフォン手にした東野英治郎が、学生に安保闘争の意義をしつこく問われ困惑してるのに、誰かが助け船を買って出たのを思い出す。カンパのあがりを計算したり、今後のスケジュールの打ちあわせなどを駅構内の組合事務所を借りてやっているところに、八木柊一郎の作詞した「忘れまい六・一五」に曲をつけた林光が、書いたばかりの五線譜を手にかけつけてきた。まだ隻脚になってなかった演出家早野寿郎に「光ちゃん、うたってよ」と促された林光が楽譜をひらき、静かにうたい出した。

忘れまい六・一五
若者の血の上に雨はふる
ひとつの手は砕かれた……

六月十五日を期したように、方針を見失った新劇人会議の指導者たちは混迷するばかりで、新安保条約の批准書の取り交わされた六月二十三日、新劇人会議にはもはや動員をかけるちからがなかった。急速に冷えていく運動にむなしさを覚え、政治に不信を感じると同時に、自分の若さが失われていくような気がした。

内田洋一著『風の演劇　評伝別役実』（二〇一八年九月　白水社）は、この国に不条理演劇を確立した作家別役実に、長い時間沿いながら、風の気配が立ちこめる劇世界の成立過程に迫った快著だ。

私の二歳下になる別役実も、「六〇年安保で樺美智子さんが亡くなった日、僕も国会前にいた」という。警官隊と衝突したあと、片方の靴が脱げたまま新宿まで逃げ、歌舞伎町にあった映画館スカラ座にとびこんだそうだ。その後の六一年には、三ヶ月に及んだ新島のミサイル基地反対闘争にも参加して、学生たちの尊敬を集めていたという。内田洋一によれば、この新島闘争で「別役の表だった政治運動」は終りを告げるのだ。

六〇年安保以降に生まれた演劇人には、政治の季節の存在そのものを知らないむきが、圧倒的に多いように見える。

（二〇一八年十月号）

おもろい女

一九四七年四月から五三年三月までの六年間が私の中学・高校在学時代で、放課後のぶらつき先でいちばん多かったのが新宿だったのは、定期券の使えた通学経路だったからだろう。

その時分の新宿には、いま思い出しながら数えても二十を優にこす映画館、劇場、寄席が点在していた。なかでも学生服姿で入場するのに後ろめたい気分を味わったのが、寄席の末廣亭、ストリップの新宿セントラル、フランス座、内外ニュース劇場などで、軽演劇を上演していたムーラン・ルージュ新宿座も、なんとなく敷居が高かった。

ムーラン・ルージュ新宿座は、赤い風車を看板にしたパリのダンスホールを模して、一九三一年新宿に開場した劇場で、洒落た都会的風俗劇の上演で学生、インテリ層の支持を得ていた。写真で見る戦前のムーラン・ルージュ新宿座は、アールデコ調の風格ある建物だが、私の知ってる武蔵野館通りを甲州街道にむかう右側に位置した戦後のムーランは、赤い風車こそかかげていたものの、木造仮設の貧弱な芝居小屋だった。

森繁久彌、左卜全、利根はる恵なども在籍して、中江良夫作『にしん場』なんて傑作を生み出したムーラン・ルージュだが、時局に合せたパロディなどのタイトルに、ストリップ劇場まがいのエロティックなものが多く、学生服姿で木戸くぐるのがためらわれた。一九五〇年、伊藤整が訳して小山書店が刊行したロレンスの『チャタレイ夫人の戀人』が猥褻罪に問われ、裁判沙汰になったとき、ムーラン・ルージュは早速これを『チャタレイ裁判』なる芝居に仕立てた。これが私のムーラン初体験になった。この裁判長役が、当時はい紀雄と書いていた澤村いき雄だった。問題のチャタレイ夫人と森の番人の密会の様子を実地検証するのが芝居の趣向だが、法服姿の冷静であるべき裁判長がしばしば脱線し、個人的な興味で検証に加わったり、おのがそんな姿に反省してみたり、そのあたりの自在な呼吸に腹をかかえて笑った。

七代目澤村宗十郎に弟子入りしたのが澤村いき雄の役者としての出発で、一九三一年前進座の創立に参加したが、東宝が東京宝塚劇場開場にあたり俳優を募集したのに応募したのが露見して、三三年ムーラン・ルージュに転じている。戦後、新興演藝にあって一世を風靡していた漫才師ミス・ワカナにヒロポンをすすめたことで近づき、不倫関係に持ちこむなど、私生活では女たらし、ジゴロの異名をとっていた。

ムーラン・ルージュが新宿から姿を消したのは一九五一年五月のことで、この解散公演も観ている。座員一同が並んだ挨拶で、のち劇団民藝入りした座長のムサシノ漸（宮阪将嘉）をさしおいて澤村い紀雄が、「ムーランは死なず、ただ消えさるのみ」と言って、大受けに受けた。朝鮮戦争をめぐる大統領との意見対立で、連合軍最高司令官を解任されたマッカーサー元帥の、「老兵は死なず、ただ消えさるのみ」という演説が評判になっていたときだった。

藤山直美がミス・ワカナに扮した、小野田勇作、田村孝裕潤色・演出『おもろい女』（二〇一八年十月　シアタークリエ）で、澤村いき雄がモデルの浅原月雄を雨宮良が演じている。

（二〇一八年十一月号）

TOP HAT

カラー映画がまだ珍しく、総天然色映画なんて呼ばれていた懐かしい時代、アメリカのミュージカル映画とイギリスのバレエ映画のカラー作品が、ほとんど同時期に封切られて話題になった。封切という言葉も死語化しつつあるが、一九五〇年三月のことで、アメリカのミュージカル映画はフレッド・アスティア、ジュディ・ガーランド主演の『イースター・パレード』、イギリスのバレエ映画がモイラ・シアラー主演『赤い靴』だ。

中学三年生の映画研究部員といたしましては、無論二本とも観にかけつけました。『赤い靴』はたしか有楽座のロードショー上映で、乏しい小遣いから大枚ひねり出し、前売り指定席券を求めたものである。モイラ・シアラーの美しさにため息をつき、幻想的な色調に目を瞠《みは》ったが、好みから言えば断然『イースター・パレード』のほうだった。

『イースター・パレード』は一九四八年の作品だが、日本に初めて紹介されたミュージカル映画だった。アメリカにはミュージカルというジャンルの舞台や映画のあることを、

『イースター・パレード』によって教えられたのだ。

ミュージカルの初体験もさることながら、私にとって初お目見得の世界一のタップダンサー、フレッド・アステァには、心底しびれた。髪こそきれいに七三分けにしているが、らっきょうを連想させる逆三角形の顔つきは、ハリウッド的美男の二枚目とはいささか趣きを異にしていて、愛敬にあふれていた。肝腎のタップダンスはもとより、あらゆる身のこなし、つまりは一挙手一投足が、そう、なんとも粋なのだ。

フレッド・アステァが一九三〇年代から五〇年代にかけて、ハリウッドのミュージカル黄金期を築いたことを、映画雑誌の淀川長治や野口久光の文章で知った。なかでもジンジャー・ロジャースと共演した『トップ・ハット』『有頂天時代』『カッスル夫妻』は、ミュージカル映画不滅の金字塔であることも知った。知ったけれど、戦前の作品とあってただ指をくわえているほかになかった。

まだ元気だった色川武大が練馬に住んでいた頃だから、八〇年代のはなしだが、アステァとロジャースの大ファンだった彼が、個人輸入で手に入れたビデオの鑑賞会をやるからと誘われ、無論喜びいさんで参上した。殿山泰司、杉浦直樹、若林映子、文藝春秋や講談社の編集者などが集まった。アステァ贔屓では人後に落ちない立川談志にも声をかけたが都合がつかないと口惜しがっていたそうだ。

この席で待望久しき名作『トップ・ハット』に出会ったのだ。ほかに『カッスル夫妻』と色川武大がピーター・ローレの代表作だと力説するフレッド・アステア、シド・チャリシィ共演の『絹の靴下』を観せてもらった。

八六年の夏、ニューヨークのベルモントパーク競馬場でフレッド・アステアなる馬が出走していたので、迷うことなく単勝式馬券を投じたのだが、無惨な結果に終った。

マッシュ・ホワイト演出で舞台化された『TOP HAT』(二〇一八年十一月　東急シアターオーブ)で、アステアのジュリー・トラヴァース役を坂本昌行が演っている。

(二〇一八年十二月号)

IV 二〇一九年

僕の戦後舞台・テレビ・映画史70年

だいたいあまりテレビを見ないところにもってきて、その放送時間帯に家にいることがほとんどないので、評判になっているＮＨＫの「鶴瓶の家族に乾杯」を初めて見たのが、ちょうど一年ほど前、入院中のベッドで寝ながらだった。

ぶっつけ本番というこの旅番組で、鶴瓶ともうひとりのタレントの出かけた先も、その出かけた先でのやりとりもすっかり忘れてしまったが、番組終了時に流れるクレジットと称するスタッフの名のなかに、ナレーションの久米明を見出してびっくりしたのを覚えている。失礼ながらまだ元気でいらっしゃるとは思っていなかった。調べたら、一九二四年生まれとあったから九十四歳か。

久米明の舞台に初めてふれたのは、山本安英とぶどうの会第二回公演で、アラルコン『三角帽子』と併演されたあの『夕鶴』だった。一九五二年二月三越劇場、私は高校二年生。久米明はつうの夫与ひょうの気の良さにつけこみ、つうに機織りをさせる惣《そう》どを演っていたが、強欲さのなかに思いがけない知的なものが潜んでいて、清潔さがあった。あの清潔感は、山本安英の清潔さであり、ぶどうの会を象徴するものだったと、いま思う。

ところで私の通った男子校麻布中学には、大先輩の吉行淳之介命名による麻布水商売グループなるものがあって、北杜夫、山口瞳、奥野健男、神吉拓郎、神山繁、なだいなだ、フランキー堺、小沢昭一、内藤法美、加藤武、仲谷昇、大西信行、神津善行、山際永三、福田善之、ふじたあさや、佐藤重臣、倉本聰など作家、評論家、演劇人、音楽家の面面による、なんとはなしの親密感をいだきながらの交遊があった。

一九六九年一月に宗匠入船亭扇橋以下十二名で結成発足した東京やなぎ句会というのがあって、いまでも月に一度の句会を開筵《かいえん》しているのだが、十二人のなかに神吉拓郎、小沢昭一、加藤武、大西信行、それに私と五人の麻布出身者がいた。だから毎月一度の同窓会の感じがあったのだが、この席で加藤武から久米明も麻布の先輩だときいた。二〇一四年版の学校法人麻布学園の「卒業生名簿」で調べたら一九四一年第四十六回卒業生のなかに「久米明　東商大」とあって、三鷹市の住所が載っており、勤務先は空欄になっていた。

べつに麻布水商売グループが、結束して事をたくらんだりしたわけではないのだが、久米明は同じ役者でもこのグループの面面とは、はっきりちがった色合を有しているように思う。水商売というより、世間で言う堅気のほうのタイプに見えるのだ。木下順二『夕鶴』に始まって、同じ作者の『山脈』『蛙昇天』。そして福田恆存との出会いから生まれた『セールスマンの死』『どん底』と、このひとの仕事には妙な邪心がなく、清潔さを持ちつづけた姿勢が見てとれる。

久米明著『僕の戦後舞台・テレビ・映画史70年』（二〇一八年十一月　河出書房新社）は、清潔さを貫いたこの役者の自伝だが、黒澤明『トラ・トラ・トラ』の撮影で、「黒澤組で三日といわれたらまず三週間覚悟しなきゃ」と旧知の文学座加藤武に言われたと書いている。「旧知の」で、「後輩の」としてないあたりに、人柄を感じる。

（二〇一九年一月号）

芸人と兵隊

気がついてみれば、私たちのまわりから戦争に行ったという人がいなくなってしまった。親しくして頂いた、軍隊経験のあった舞台人の宇野重吉、三波春夫、尾崎宏次、倉橋健、横山清二などなど、もうみんな彼岸の人だ。彼らから過酷にすぎる軍隊生活の実態を、何度となくきかされた。宇野、尾崎は南方で、横山は中国で敗戦をむかえたが、三波と倉橋はシベリアで抑留生活を送っている。

あの人たちの語ってくれた軍隊生活は、人間性が無視され、不合理きわまるもので、二度と体験したくないという強い意志で共通していた。それでいながら、大切な青春を奪われてしまった悲惨な時間を、なんとなく懐かしむ風情が生じているように感じられたのも、共通していたように思う。

敗戦後、戦争にとられ復員してきた映画人によって、戦争映画が何本も製作された。無論、反戦思想に貫かれたものがほとんどだが、『日本戦歿学生の手記　きけ、わだつみの声』『真空地帯』『人間の條件』のような名作も少なくない。

そんな戦争映画に兵隊役で出演していた俳優たち、憎憎しい上官役をふくめて、みんな上手かったなあ。木村功、西村晃、下元勉、高原駿雄、河野秋武、小澤栄太郎、まだまだ何人もいる。なかには軍隊生活の経験のない役者もいたのだろうが、とにかくみんな上手かった。映画で、男優は兵隊、女優は売春婦を演らせればみんな合格点なんて言われた時代があったのだ。

いわゆる十五年戦争で、戦地に派遣されたのは兵隊ばかりでなかった。日中戦争が泥沼化していた一九三八年一月、朝日新聞社と吉本興業の提携によって、前線の兵士のため寄席藝人による慰問団「わらわし隊」が結成されている。わらわし隊の命名者は当時吉本興業文藝部にいた長沖一で、皇軍と呼ばれた日本陸軍の戦闘機「荒鷲」をもじったものだった。

「わらわし隊」名義の慰問団の前線派遣は一九四一年八月までに三百九十五回を数えたが、それ以後もわらわし隊を名乗らぬ慰問演藝団の前線派遣はつづき、四一年七月中国苗庄附近の戦闘で慰問団の一員で漫才の花園愛子が中国軍の襲撃にあい出血多量で命を落している。戦死扱いだった。花園の夫君桂金吾は遺骨をだいたまま慰問をつづけ、帰国後の九月一日、東京浅草東本願寺で執り行なわれた帝都漫才協會葬の会葬者は、三千人に及んでいる。

兵隊に召集された藝人が、自らの戦争体験を高座で語った例もあって、三代目江戸家猫八が楽屋でしゃべっていた広島での被爆体験を、立川談志のすすめで紀伊國屋ホールで口演したのにふれている。気負った感情移入のない、淡淡とした語り口で戦争の悲劇を訴えた素晴らしい高座に、目に涙する客も少なくなかった。

トム・プロジェクト製作、古川健作、日澤雄介演出『芸人と兵隊』（二〇一九年二月　シアターウエスト）は、寄席藝人の中国戦線慰問に材を得た創作で、犠牲となった花園愛子を思わせる人物も登場するが、慰問先で彼らの藝を楽しんでいるはずの兵隊は、舞台に登場しない。

（二〇一九年三月号）

虎は狐と井の中に　仮

落語に出てくる道楽者の若旦那のように、「箸より重いものを手にしたことがない」というのは、額に汗して働いたことのない怠け者を揶揄した表現だろう。物書き渡世の私なども、さしずめそう言われてしかたない立場かも。

何度も書いたことで気がひけるが、一九五三年になんとか高校は卒業させてもらったものの、受けた大学全部落ちてしまった。受験勉強そっちのけで映画館、劇場、寄席通いにうつつを抜かしていたのだから、当然の帰結でべつに落ちこむこともなかった。落ちこむどころか、時間ばかしたっぷりあるのをもっけの幸と、家の金持ち出しての行動範囲に、競馬と悪所が加わって、ちょっとした無為徒食の文学青年を気取っていた。嫌味だね。

自分は敗戦後まったく働くことなく、祖母が建てた数寄屋造りの瀟洒な家を手放してしまう私の父は、連日家をあけては酔って帰ってくる私に、顔をあわせるたびに苦言を呈した。きく耳持たない私に、親父はどんな手づるを使ったのか、浅草花川戸の履物問屋の多忙な年末ひと月限りのアルバイトを勝手にきめてしまった。勝手にきめられたことに口汚くののしり、定番の親子喧嘩を演じたのだが、仕事先が浅草ということに、六区の興行街が全盛をきわめていた時期だけに、仕事を終えてからの楽しみに惹かれて、引き受けることにした。

仕事は地方の店舗からくる注文の品を、倉庫から選び出し箱詰めにするもので、時に箱詰めした荷を自転車で国鉄の浅草橋駅まではこび、チッキにしたりした。チッキなんて輸送方法のあったことを、いまの若い人は知らないだろう。

まだ健在なのか、もう店を閉めたのか、たまに花川戸通りを歩いても見当のつかないその問屋には、地方の中学を出た住みこみの店員が四人ほどいた。なかでいちばん年かさでいつも静かな男から、「モーパッサンって面白いですか」と訊ねられた。私が岩波文庫のモーパッサンを持参していたのを目にしていたのだろう。

その彼に文庫を貸したのか、モーパッサン談義をしたのか、まったく覚えていない。覚えていないというより、わが一生に一度の額に汗した肉体労働体験ひと月の記憶は、その男にモーパッサンについてきかれたことだけが明色で、あとはそう、忘却の果てである。仕事を終えてかけつけた六区の興行街で、最終回割引で何本も観てるはずの映画も、はっきり記憶にあるのは、デボラ・カー、モンゴメリー・クリフトの『地上より永遠に』と、題名は忘れた片岡千恵蔵の多羅尾伴内シリーズの東映作品ぐらいだ。

ウォーキング・スタッフプロデュース、和田憲明・演出『虎は狐と井の中に 仮』（二〇一九年二月 シアター711）は、脚本・池内風の体験が題材になっているときく。独身の派遣労働者五人がアパートの一室に同居しているのだが、リーダー格の理不尽な暴力行為は、はなしにきくむかしのタコ部屋を思わせる。昨今の組織内のパワハラ問題などにふれるにつけ、私のひと月だけやった肉体労働なんて、いかほどのものでもなかったのを自覚する。

（二〇一九年四月号）

犬を食ってはならない

一九六〇年三月に、旧・俳優座劇場で上演された、劇団七曜会創立十周年記念・第十四回公演、金達寿作、八木柊一郎脚色『朴達《ぱくたり》の裁判』は、なんとも言えない懐かしさに襲われる芝居だ。七曜会の一員だった私は二十五歳。役者志望で入った劇団だったが、五九年十月の第十三回公演『欲望という名の電車』では舞台監督をつとめ、文藝演出部的な仕事のほうにむいていると言われて、『朴達の裁判』でもそんな仕事に大童だった。

『朴達の裁判』は、一九一九年韓国慶尚南道に生まれ、十歳のとき来日、日本敗戦後は第一線の在日朝鮮人作家として活躍していた金達寿の「新日本文学」に掲載された小説で、五八年の芥川賞候補になったが、選考委員の「もはや新人ではない」との判断から、受賞が見送られた。

大柄な金達寿は豪放磊落を絵に描いたような人物だった。脚色の八木柊一郎に対して一切注文をつけることなく、ディティールに関する八木の質問にも、「いいからいいから、勝手にやって」といった案配だった。

パンフレットの編集をやっていた私が、原作者のプロフィールの執筆を依頼した中村光夫に断られたことを伝えると、「じゃあ杉森久英」と間髪いれず金達寿が言ったのでそうした。脚色者の横顔は、八木柊一郎が山形から上京して参加した同人雑誌「世代」で席をならべていた吉行淳之介にたのむのを、私のほうから八木の同意を得た。中学の先輩である吉行に、これを機会に会いたいと思ったからだ。山の上ホテルのロビーで珈琲をご馳走になりながら、初対面の挨拶にしてはかなりの時間をさいてくれた吉行淳之介は、八木君のことは文学座の『美しきフラノの娘』のときに書いて、いまあれ以上のものを書く自信はないから、文学座の了承を得て、あれを転載してほしいと言う。すぐその足で文学座にむかったのを覚えている。

酒好きの金達寿は、稽古場に現れた日は必ず何人か連れだっての酒席に流れたが、ある日演出の高城淳一と主役の朴達を演ずる雨森雅司と私の三人を、芝浦の韓国人街（その頃はマスコミの表記などでも韓国は使われず、もっぱら南朝鮮と称していた）の一軒に案内してくれた。

外見は掘立小屋のその家の内部が、豪華絢爛に飾り立てられ、家具などもしごく立派なことに目を瞠った。金達寿の文学仲間らしい青年のほか、その母親と何人かの中年婦人が、真赤に熾《おこ》された炭の入った七輪を持ち出して、タレにつかった肉片を焼いてくれた。たしかマッカリと呼んでいたドブロクをのみながら、大いに堪能したものだ。

最後に出されたのは、鍋に煮こまれた唐辛子味の強いシチューだったが、それまで口にしていた焼肉とはなんとなくちがった味がした。一家に送られ外に出たとき、高城淳一が「最後に出たの犬じゃなかった?」と訊ねたら、金達寿は呵呵大笑してみせただけだった。

川和孝企画演出公演、第四十八回名作劇場で上演された作間謙二郎作『犬を食ってはならない』(二〇一九年三月　シアターX)は、敗戦直後の東北田舎町で、町長が喘息治療のため犬を食べたことがまきおこす騒動が描かれている。

(二〇一九年五月号)

細雪

一八八六（明治十九）年の東京は日本橋に生まれ、江戸で生まれた浄瑠璃「新内」の流しの三味線を子守唄に育ったのだから、谷崎潤一郎にはチャキチャキの江戸っ子の血が流れている。その谷崎が、壮年期を関西で過ごすことになったのは、一九二三年九月一日の関東大震災によって、生まれ故郷の東京が壊滅状態になってしまったからである。この震災は、彼の趣味嗜好を支えた江戸の残映をきれいさっぱり失わせてしまった。生まれ育った東京とは、まるでちがう風土の関西は、江戸趣味のこのひとに、いや応なく上方文化、上方藝能の洗礼を受けさせることになる。

いまや人形浄瑠璃の代名詞になっている文楽は、生粋の大阪の藝である。この文楽が江戸趣味の谷崎潤一郎にはなかなか馴染めなかったようである。関西へ移り住んだ直後の一九二八年から九年に書かれた『蓼喰ふ蟲』には、その後におこる千代子夫人を佐藤春夫に譲り、「陳者我等三人此度合議ヲ以テ……」という声明を出すにいたる事件を暗示させる奇妙な夫婦関係が描かれている。このなかで道頓堀弁天座でのぞいた文楽「小春治兵衛」で得た、（義太夫の語り口に）「東京人の最も厭ふ無躾なところが露骨に発揮されてゐる」という、小説の主人公の感想に託した、東京人の感性をそう簡単に捨てられない心情を記している。

耽美主義的傾向の強かった谷崎潤一郎が、住みなれてきた関西特有の風土のなかで、その作風を一転して伝統的な古典文化回帰の姿勢を強めていく。千代子夫人と離別後再婚した古川丁未子とも別れ、一九三五年の森田松子との結婚が、谷崎潤一郎という作家に大きな変貌をもたらした。商都大阪の中心船場の老舗に育った松子に対する、谷崎の憧憬、崇拝の念は、一種信仰に近かった。名作『細雪』や『源氏物語』の現代語訳は、こんな生活背景のなかから生まれる。

さて『細雪』である。

船場の木綿問屋の老舗を舞台に、四姉妹が昭和を生きる壮大な絵巻物を思わせるこのものがたりに、谷崎が筆を執りはじめたのは戦時下の一九四二年だった。軍部の弾圧により発表停止処分を受けながら、戦後の四八年に完成刊行されている。

谷崎のけっして悪い読者ではないと自負している私だが、『細雪』に関してばかりは読むより先に映画でふれた。一九五〇年封切の新東宝映画で、八住利雄脚色、監督は阿部豊。

四姉妹は長女鶴子・花井蘭子、松子夫人がモデルとされる次女幸子・轟夕起子、三女雪子・山根寿子、四女妙子・高峰秀子だった。無論モノクロである。

舞台版『細雪』の初演は一九六六年一月芸術座で、四姉妹は浦島千歌子、岡田茉莉子、司葉子、団令子。脚色・演出は菊田一夫だ。若き日を艱難辛苦のなかで送った菊田一夫は、『細雪』に描かれているような絢爛豪華な生活に、あまり惹かれていない。そのあたりの距離感が、醒めた、ちょっとチェーホフ的な脚本になっている。

菊田一夫脚本、堀越真潤色、水谷幹夫演出の『細雪』（二〇一九年五月　明治座）は四十演目で、ステージ数も一五七〇をこえた。

（二〇一九年六月号）

新　正午浅草　荷風小伝

四谷の新道通りに「F」という小体な酒場があった。いつの頃からか、演劇人のたまりの感をなすようになり、近所の商店主やサラリーマンたちに交じって、世のため人のためにはけっしてならない話題に、侃侃諤諤《かんかんがくがく》やっていた。

マスターの田中喜八は子供の頃、逃走中の阿部定が衣装がえに立寄ったという上野の古着屋の伜で、典型的な下町人だった。

マダムの田中カズイは、戦前実姉と大阪の吉本にあって、女道楽という藝で寄席に出ていた。私が『女興行師　吉本せい』を書いたとき、いろいろ教えてくれたものである。戦後は東京浅草で、女剣劇の中野弘子の一座に加わり、自身座長をつとめたこともある。颯爽たるその舞台姿に惚れこんだ田中喜八が口説き落して、四谷に店を開いたようにきいている。

いずれにしても、ずいぶんと昔のはなしだ。

膨大な日記『断腸亭日乗』を残した、文豪永井壮吉荷風散人が、連日のように熱心な浅草のストリップ劇場の楽屋通いを始めたのは、「年譜」によると一九四八年六十九歳時からで、五八年七十九歳までつづいた。

終演後は何人かの踊子、女優を引き連れて、居酒屋や小料理屋に流れるのがつねだった。田中カズイも何度となくこのメンバーに加わったというが、店に入りそれぞれが席につくと、荷風は店の者に「この娘《こ》と、この娘《こ》と、この娘《こ》の分だけ私が払います」と告げたそうだ。シビアな金銭感覚で知られ、戦時中町会に「押賣」された「軍事債券」を、そのつど兜町や日本橋の金融業者で現金化したという荷風らしい。田中カズイはいつも荷風払いの組だったそうだが、やはり自腹のひとたちに気をつかったという。

『断腸亭日乗』に、某女優を新小岩まで送った記述があるのを見つけ、田中カズイはその時分新小岩に住んでいたようにきいていたのでたしかめたところ、即座に、

「バスですよ、バス」

という答が返ってきた。

いつだったか、スポーツ新聞の演劇記者と私が「F」のカウンターで莫迦ばなしに興じていたとき、田中カズイが、「こんなものがありました」とキャビネ型のモノクロ写真を恥しそうに差し出した。見ると浅草だろう食堂のテーブルを前に、永井荷風をかこんだ櫻

むつ子、武智豊子、それにまだまだ若かった田中カズイが微笑んでいた。これは貴重なものだから「どこかの文学館に寄贈したら」とすすめたのだが、駄目駄目の表情でしまいこんでしまった。

劇団民藝公演『新 正午浅草』（二〇一九年四月 紀伊國屋サザンシアター）は「荷風小伝」というサブタイトルが示すように、七十七歳の荷風の市川市八幡の陋屋でのひとり暮しが、かつての日日と交差しながら描かれている。『断腸亭日乗』の愛読者には、いろいろと刺激の多い舞台だ。作・演出の吉永仁郎は、

荷風の没年をはるかに越えた私には、「正午浅草」の一行のためにペンをとり続けたひとりぼっちの荷風の姿が焼き付いてはなれない。

とパンフレットに書いている。

（二〇一九年七月号）

骨と十字架

二十歳になったのを機して、喫煙をやめた。別に天の邪鬼を気取ったわけではなく、正直煙草を美味いと思って吸ったことがなかったのだ。パールという黄色い包装の二十本入りを懐中していて、トリスバーや安居酒屋で、ウイスキーのストレートや梅割焼酎などのみながら、友人と青くさい藝術論をたたかわせるときのアクセントに、一本か二本ふかす程度だったから、自然にやめることができた。

中・高一貫の私立の男子校を出たのだが、喫煙が見つかって停学処分を受けた上級生がいた。同じクラスにも密かに吸ってる奴がいたが、バレずに無事卒業している。昼休み時間の屋上の死角になる場所や、冬は、世界航路の船乗りだったのに、ほとんど海を見たことがないという、顎に白鬚たくわえ、腕にポパイの筋彫りのあるボイラーマンの仕事場の地下室が、かくれ煙草の吸い場所だった。ボイラーマンの猥談をきくのを楽しみに、何人か連れだって時どきもぐりこんだが、喫煙中の生徒と居合わせたことはなかった。見張りにきた怖い教師に、ポケットの中を調べられたことが一度あった。

二年上に、克明な写実で日本の民家を描きつづけた画家向井潤吉の息子がいて、隠れて喫煙してたのが教師に見つかり、停学処分になりかかった。向井潤吉が学校に乗りこんできて、校長相手に、

「家じゃあ自由に吸わせてるんだから、学校で吸ったってかまわないじゃないか」

とやって、結果は厳重注意で停学は免れたようにきいている。

戦時中の名残で、煙草も酒も、米や砂糖同様配給だったが、一九四六年一月に新銘柄ピースの自由販売が開始された。十本入り一箱七円で、自由販売とは申せ日曜祭日に限り一人一箱限りの制限つきだった。早朝から煙草屋の前に大人たちの行列ができていた。なかに老婆の姿も見かけたが、若いご婦人は目にしなかったように思う。そんなピースがほんとうに自由に買えるようになっていた四八年七月には、六十円になっていた。二年と六ヶ月で約八・六倍。敗戦後の悪性インフレの実態がこんなところからもうかがえる。

テレビ「天才バカボン」のパパの声など演って早逝した役者雨森雅司とよく酒酌み交わしたものだが、梅割焼酎専門の彼が、気障の国から気障を広めにきたような自称立教ボーイを連れてきて、奢《おご》らせたことがあった。いささか敷居の高いバーに連れて行かれ、サントリーオールドなど振舞われたのだが、彼氏、自分で紙を巻いてこさえた煙草にジッポの

ライターで火をつけると、『カサブランカ』のハンフリー・ボガートを真似たポーズで美味そうに吸ってみせるのだ。
野木萌葱作、小川絵梨子演出『骨と十字架』（二〇一九年七月　新国立劇場小劇場）は、宗教と科学を統合した理論で知られる神父、ピエール・ティヤール・ド・シャルダンの物語で、劇中に自分でつくった紙巻煙草を吸うシーンがある。舞台では紙のマッチだったが、観ながらジッポを使った気障な立教ボーイを思い出していた。

（二〇一九年九月号）

赤玉★GANGAN～芥川なんぞ、怖くない～

文学青年たらんと気取っていた中学から高校にかけての時代、岩波文庫緑帯（近代・現代日本文学）の全巻読破を試みて、七割方達成したのではなかったか。その時分の岩波文庫は、ページ数に応じた星のマークの数で定価がきめられていた。たしか一つ三十円だったように覚えている。武者小路実篤『友情』は星一つだった。値段もさることながら、冒頭の、

野島が初めて杉子に会ったのは帝劇の二階の正面の廊下だった。

という一行に惹かれ、すぐに買ってしまった。

いまはもう流行らなくなったというか、影の薄くなった感のある「プラトニックラブ」の美しさが、単純に信じられていた時代が背景の恋愛小説『友情』が刊行されたのは一九

二〇年だ。第一回のメーデーが行なわれたりして、のちの人が大正リベラリズムとよぶ時代だが、まだまだ恋愛を崇高な人間行為と見る風潮が世間を支配していた。その前年に松井須磨子が島村抱月のあとを追っている。こんな時代の、恋愛小説の発端の場として「帝劇の二階の正面の廊下」というのは、なんともふさわしく、これ以上の舞台はない。

国際ビルヂング内に格納されたかたちの現帝国劇場は、一九六六年九月に新開場したもので、『友情』の発端の場のルネッサンス風建築美に贅《ぜい》のつくされた偉容を誇っていた、旧帝國劇場の開場式は一九一一（明治四十四）年三月一日に執り行なわれている。日本で初めて「劇場」を名乗った芝居小屋で、電動式廻り舞台も新時代を感じさせたが、喫煙室、化粧室、携帯品預所、食堂、売店、すべてに欧米式を取り入れた接客方式が、茶屋出方制度に馴らされていた、それまでの芝居の客をおどろかせた。

中学三年の一九四九年十二月に、初めてこの旧帝國劇場に足踏み入れている。藤原歌劇團のオペラ、チャイコフスキー『オネーギン』で、連れていってくれるはずの兄の都合がつかなくなった級友の、余った切符で誘われたのだ。『友情』を読んだ直後だったので、野島が杉子に会った「二階の正面の廊下」の一隅に佇んで、恋愛小説の主人公の気分など味わってみたいと思ったのだが、級友の用意してくれた切符は三階席で、入口が正面とは別だったので、果せなかった。戦争に敗けて復興ままならぬ時代を反映するように、三階席は戦闘帽に外套の復員兵スタイルや、粗末な身なりの学生、もんぺを仕立直したズボン姿のご婦人などで埋められて、極彩色の天井画に大理石にかこまれた空間には、あまり似つかわしくなかった。

流山児★事務所公演、秋之桜子作、高橋正徳演出『赤玉★GANGAN〜芥川なんぞ、怖くない〜』（二〇一九年八月　ザ・スズナリ）は、一九二三年の関東大震災後の東京を舞台に、作家、文学青年、貴族などがおりなす風俗劇で、サブタイトルの芥川龍之介は影だけ見せて、実際の舞台には登場しない。劇中に、武者小路実篤『友情』を名作だとする男爵夫人に、売れている若手作家が、「女の方は、お好きですね」と答えるやりとりがある。

（二〇一九年十月号）

江戸育お祭佐七

一九七九年九月三日。巡業先の千葉県習志野で頓死した三遊亭圓生の訃報は、同じ日に死んだ上野動物園のパンダのほうが大きな扱いだった。古今亭志ん生、八代目桂文樂と伍した、昭和の落語を代表する名人と言われたひとだけに、可哀想だと多くの落語ファンが感じた。

「オール讀物」に寄せたエッセイ「圓生とパンダが死んだ日」に、「藝人が、舞台を終えたあと、静かに息をひきとるというのは、兵士の戦死を思わせるものがあって、感動的」と書いた。読んでくれた尾崎宏次から、「元兵士として言っておきたいが、兵士の戦死に感動的なものはありません」という葉書をもらった。「戦死する」は英語で「be killed」と受身であることを重視したい、とも書いてあった。尾崎宏次からは、ずいぶんと沢山の手紙や葉書をもらったが、教えられることが多かった。

三遊亭圓生というひとは、どこか他人を気やすく受けいれようとしない狷介なところがあった。藝人であるより先に藝術家である意識が強く、口でこそ「私は藝術家じゃござんせん。だって術なんぞ使いませんよ」と言っていたものの、人一倍名誉欲も強かった。そうしたいやらしさが、一九七八年五月の落語協会脱退、落語三遊協会設立の事件以後影をひそめたのに、正直驚いた。藝のほうも、いかにも「うまいだろう」といった感じのチラチラするところがなくなったのである。藝術家気取りが消えて、藝人らしくなった矢先の訃報だった。

二代目尾上松緑は落語が好きで、文樂、志ん生などの大看板を、しばしば紀尾井町の自宅に招いていた。その席によばれた奇術のアダチ龍光が三遊亭圓生の藝を誉めちぎったところ、松緑は「あれは下手な歌舞伎だ」とにべもなく切り捨てたようにきいている。

豊竹豆仮名太夫を名乗った子供義太夫出身の三遊亭圓生の根っこには、絶ち難い歌舞伎コンプレックスがあったように思う。

ただでさえ演目《もちネタ》の多いことで知られていた圓生だったが、そのなかには歌舞伎役者や能楽師を扱った『淀五郎』『梅若礼三郎』、自身の義太夫の素養が生かされた『豊竹屋』、落語のほうが先行作のものを含めて、歌舞伎でも上演を重ねている『文七元結』『らくだ』『髪結新三』『お祭佐七』、芝居のほうから登場人物の名を借りて別のはなしに仕立てた『おさん茂兵衛』『双蝶々』などなどを、さも得意気に演じていた。

三遊亭圓生の『お祭佐七』を聴いたとき、まくらで十五代目市村羽左衛門の佐七が絶品だったとはなしていたので、芝居とまったく同じ内容と思いこんでいた。圓生の佐七は、久留米藩の侍で、女に持て過ぎて浪人、自ら望んで火消しになるのだ。「お祭佐七」と言えば俗謡にうたわれた「本町糸屋の娘」がらみという頭があったので、圓生の『お祭佐七』になんとなく異和感をおぼえ調べたところ、二代目禽語楼小さんの演じた長篇人情噺の一部だった。

芸術祭十月大歌舞伎（二〇一九年十月　歌舞伎座）に、三世河竹新七作『江戸育お祭佐七』が出ていて、お祭佐七を尾上菊五郎、藝者小糸を中村時蔵が演っている。

（二〇一九年十一月号）

風を打つ

東京オリンピックのあった一九六四年。二十九歳、独身最後の年だった。

実際のところを申せば、この年の私はオリンピックどころではなかった。内幸町の旧イイノホールを会場に、三遊亭圓生『雁風呂』、アダチ龍光「奇術」、小野栄一「コミック・パントマイム」、当時爆弾魔として世間を騒がしていた草加次郎に立川談志が扮し、弁士よろしく解説をつとめた、久里洋二監督の一六ミリモノクロサイレント映画、やなせたかし作の浪花節的バラードと銘打った、草笛光子によるひとりミュージカルと並べた、「寄席'64」なるイベントをプロデュースして、大好評を博した。大好評を博しはしたが、六十四万円にのぼる大赤字を出し、あれは「寄席'64」でなくて「赤字'64」だとみんなに言われた。

翌年五月に結婚をひかえていた身が、債鬼に責めたてられる日を送るはめになり、連日電話のベルに恐れおののいていた。久里洋二、草笛光子両氏のギャラは、とうとう支払うことができなかった。借財のいちばんの大口は、ポスター、チラシ、プログラムなどの印刷代、ポスターの地下鉄主要駅構内に張出しを依頼した広告代理店で、両方とも分割払いにしてもらい、完済するのに何年かかかった。明らかに警察あがりと思われる広告代理店の取り立て係は、支払いが一日遅れただけで電話の催促酷しかった。

昭和のはじめに裏千家の茶人だった祖母が建てた代々木八幡の家に住んでいたのだが、戦後まったく働くことをしなかった父は、分不相応な借金をかかえた私に対し、しごく冷たい態度だった。祖母は、戦争中に買いこんだ軍事債券や軍需株が単なる紙片と化したのを嘆いていたが、時たま貧相な株屋が訪ねてきていたのを察すると、多少は株の賣買にかかわっていたようだ。私が高校を卒業した頃から、茶の稽古に現われるご婦人たちも、くだんの株屋の出入もなくなって、かわりにたびたび骨董屋を招《よ》んでは茶道具を手放していた。父に内緒で小遣いをくれることもなくなった。

私の不始末を詰《なじ》った父との、それこそ撲りあい寸前の大喧嘩を見かねた祖母は、私を自分の居間によんで、「端株だし、問題の会社だから持っていてもしようがない。いくらにもならないだろうけど」と封筒に入った株券を渡してくれた。百株にも充たない「株式会社チッソ」の株券だった。あの水俣病の発生原因が、熊本大学医学部によって、チッソ水俣工場の廃水に含まれたメチル水銀が蓄積された魚介類によると究明されたのは、一九五九年だった。

株券を現金化する手立てを知らない私は、質入れでなく売却するからと、馴染みになっていた新宿の質屋に持ちこんだ。質屋の親父は、新聞の市況欄を天眼鏡でのぞきながら算盤をはじき、「明日、兜町に持って行かなきゃ」とつぶやきながら、四、五万の現金をくれた。半分ほどを印刷屋に入れ、残りは飲み屋の借金と馬券に消えた。

トム・プロジェクト　プロデュース　ふたくちつよし作・演出『風を打つ』（二〇一九年十一月　俳優座劇場）は、水俣病患者で元網元の女漁師と、その家族の相克葛藤が描かれる、出演者五人の芝居だ。

（二〇一九年十二月号）

V　二〇二〇年

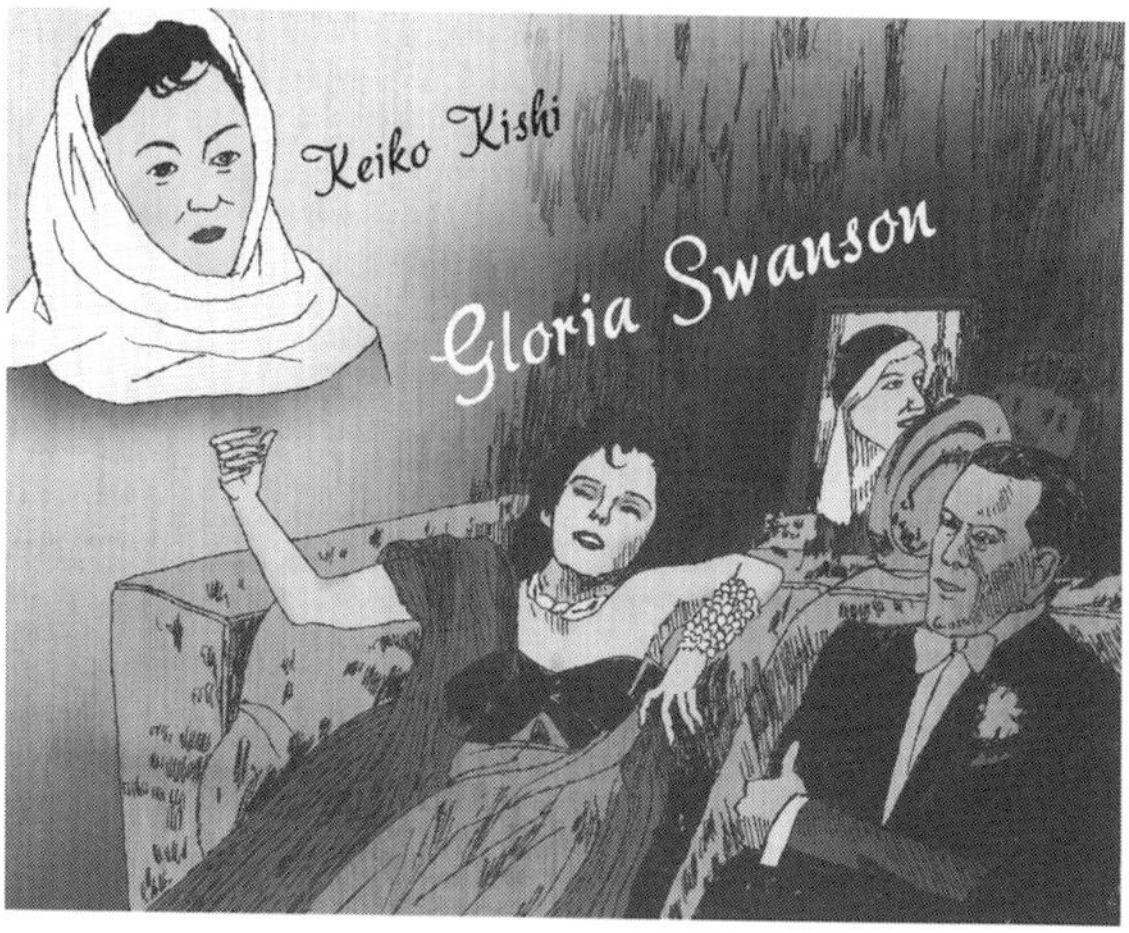

獅子の見た夢

一九八二年一月に一年あまり名乗った「彦六」という隠居名で八十六年の一期を終えた八代目林家正蔵が、木造二階、客席畳敷の釈場上野本牧亭で月一回開催していた「林家正蔵会」は、一九五八年六月を第一回に、本牧亭が改築される七一年一月までつづき、七三年七月からは下谷神社に会場が移されている。本牧亭の「林家正蔵会」には足繁く通ったが、下谷神社になってからは一度も出かけることなく終った。古今亭志ん生や三遊亭圓生の「独演会」とは、ちょっと違った雰囲気の趣きのある会だった。

師走十二月の「林家正蔵会」には、来客者全員に牛めしが振舞われた。牛めしのことを正蔵は「かめちゃぶ」と称していたが、稲荷町の正蔵家の名物料理で絶品だった。マキ夫人は、「おとうさんが倒れたら、牛めし屋をはじめる」と言っていたものだ。まだ吉野家がチェーン化していなかった頃である。入門した弟子は、はなしを教わるより先に、まず牛めしのつくり方を兄《あに》弟子から鍛えられたという。

この十二月の正蔵会では、一門の長老七代目橘家圓太郎による「落語界今年の十大ニュース」なるものが発表されるのが恒例だった。誰それが宝くじで一万円当ったとか、どこそこの愛猫が行方知れずになったとか、他愛のないはなしが多かったが、毎年の第十位はきまって「橘家圓太郎今年も売れず」だった。

正蔵はこの会では二席つとめていたが、その二席の落語以上に楽しみだったのが、「随談」と称するよもやま話だった。身の上ばなしや世情に対する鬱憤もさることながら、往年の名人上手たちや、交遊のあった文人などの逸話が、正蔵特有の叙事的語り口で紹介されるのがたまらなく面白かった。

蝶花樓馬樂時代の正蔵が多くの新劇人と交遊のあったことも、この「随談」で知った。三島雅夫、永田靖、人形劇団プークの川尻泰司などなどで、そう言われてみれば劇団民藝の演出家松尾哲次の姿を正蔵会の客席で見かけたことがあった。

治安維持法違反によって一九四〇年八月十九日、千田是也、薄田研二、村山知義、秋田雨雀、宇野重吉、瀧澤修、小澤栄太郎、東野英治郎ら三十人にのぼる新劇人が検挙されたなかに、仲の良かった三島雅夫の名を見出した正蔵は、「腰を抜かした」そうだ。

この新劇弾圧にふれて、米丸だった五代目古今亭今輔ら何人かでやっていた「落語革新派」を解散している。政治性などまるでない、単なる勉強会だったのだが、「あの時分、革てえ字は嫌われて、靴の底にも使わなかった」のが解散の理由だという。敗戦後の林家正蔵は、「書生ッぽいところが好きだ」と、日本共産党支持を表明。住家である稲荷町の長屋の玄関に、共産党の選挙ポスターを貼り、「アカハタ」を購読していた。

堀川恵子原作『戦禍に生きた演劇人たち』による、劇団東演公演、シライケイタ脚本、松本祐子演出『獅子の見た夢』（二〇一九年十一月　東演パラータ）は、検挙され演出家登録取消にあった八田元夫が、「芝居がしたい」一心から丸山定夫、園井恵子らと、戦時国策の日本移動演劇連盟に参加する苦悩が描かれている。

（二〇二〇年一月号）

仮名手本忠臣蔵　祇園一力茶屋の場

昨年十月で失効した何冊目かの「日本国旅券」の更新を申請するのをやめた。重い荷物を携えて、異国の地を訪れる煩わしさに耐える若さが、私にはもうない。気がついてみれば、重い荷物なしですむ国内旅行も、ここ数年で格段と減っている。何かの名簿の趣味欄に、「俳句・麻雀・競馬・酒・旅行」と記したこともあったのだが、いまの私に残されているのは俳句と競馬と酒の三つだ。この三つだけは身体のつづく限り、やめる気持はまったくない。

一九六九年に発足して、いまも月に一度の例会を欠かしていない「東京やなぎ句会」には、二〇一六年の七夕に逝ってしまった旅の達人永六輔がいたので、彼の仕切りで出かけた全国各地吟行の旅は、つごう百回をこえている。毎度毎度同じ顔ぶれ、それもむくつけき男ばかしの旅行ときいて、「きゃあ、気持悪い」とのたもうた御婦人がいたが、これが取材をかねた一人旅などとはまったくちがった楽しさにあふれていて、気分は子供の遠足そのものだった。

そんな国内吟行の旅も、行先が関西方面のときは永六輔にかわって桂米朝にすべてをまかせるのが、いつの間にかきまりになった。その米朝のつてで、吉野の如意輪堂に宿泊したのは一九七二年十月だった。折しもジャコビニ・チンナー流星群が見られるとあって、一同回廊で夜空を見あげていたのだが、一向に現われる気配がない。しびれを切らした三田純市が、「ジャコビニ行きたし、金はなし」とつぶやいたのを覚えている。

如意輪堂は、楠木正行が最後の合戦に先立ち参詣した浄土宗の由緒ある寺で、後醍醐天皇の陵がある。正行が堂の壁板に矢尻で記した「かえらじとかねて思へば梓弓　なき数にいる名をぞとどむる」という辞世の歌が、いまも残されている。「かえらじと」と、新仮名なのが面白かった。この夜、ご機嫌になった桂米朝がしゃべりまくって皆を寝かさない。三田純市が即席で小噺をつくった。「後醍醐天皇が怒ってはるぞ。うるさいのがいてよう眠れん。騒いどるのは南朝か、北朝か」「いえ、米朝です」

桂米朝を煩わせた関西吟行で、上方藝能とお茶屋の座敷の結びつきの強さを教えられた。大阪・新町で老妓のひく太棹にしびれ、南地大和屋に残されている川上音二郎振付による「へらへら踊り」を堪能したりしたが、白眉はやはり「仮名手本忠臣蔵・七段目」でおなじみの京都祇園「一力」の座敷に席を得られたことで、一九九八年五月十七日のことだ。

米朝の案内で、入船亭扇橋、永六輔、大西信行、小沢昭一、永井啓夫、柳家小三治とともに訪れたのだが、なにしろ一見客お断りの格調高いお座敷とあって、いささか緊張しました。そんな緊張をほぐしてくれた綺麗所のお酌による美酒もさることながら、里春姐さんの踊りが眼福だった。京舞だから「はんなり」とした味わいが、きびきびと小気味よいのだ。いまだに目にやきついている。

新春浅草歌舞伎（二〇二〇年一月　浅草公会堂）の夜の部に、「仮名手本忠臣蔵　祇園一力茶屋の場」が出ていて、尾上松也が大星由良之助を演っている。

（二〇二〇年三月号）

興行師列伝

サブタイトルに「愛と裏切りの近代芸能史」とある新潮選書の『興行師列伝』（二〇二〇年一月　新潮社）が取りあげている興行師は、十二代目守田勘弥、大谷竹次郎、吉本せい、永田雅一、小林一三の五人で、いずれもこんにちの演劇、映画、演藝に多大の影響を与えている人だ。

著者は、演劇研究者・笹山敬輔で未知のひとだが一九七九年生まれというから、取りあげている興行師五人の仕事にリアルタイムでふれてはいないはずだ。当然のことながら残された資料を駆使し、先人たちから直接取材することになるのだが、そのあたりのバランスが巧みにとられていて、読ませる内容に仕あがっている。

評伝、人物誌の類いを好んで書いてきた私だが、リアルタイムで接することのできなかった人について書くのは、苦労も多いが、楽しみもある。一九九九年に『三遊亭圓朝の明治』を文春新書に書き下したときがそうだった。

頽廃の支配した幕末期の江戸と、近代国家の体裁を整えるのに急な明治の東京と、価値観の異る二つの時代を、三十歳を境に生きた三遊亭圓朝だが、その業績を伝える資料は圧倒的に後半生のものが多い。

その圧倒的に多い後半生を伝える資料のほとんどが、『眞景累ヶ淵』『怪談牡丹燈籠』『鹽原多助一代記』などの創作で、近代落語隆盛の道を拓いた名人として紳士貴顕と交わり、功なり名遂げた文化人の貌《かお》で斯界に君臨した、高潔な人格を崇めることに費されている。

これに対して資料の少ない前半生の圓朝は、緋の襦袢をちらちらさせて気障な高座を売物に、御婦人がらみのスキャンダルも多かったようだ。圓朝没後に圓朝信奉者が、こうした若き日の風姿行動をひたすら否定につとめたことが、かえって前半生の資料の信憑性を高めているように思われる。リアルタイムでふれることのできなかった事柄に対しては、大胆な想像力を持ちこむことができるので、書き手にとって「苦労も多いが、楽しみ」なのである。

『興行師列伝』の巻末に、「参考文献&ブックガイド」なる項があり、拙著の『新版　女興行師吉本せい　浪花演藝史譚』も取りあげられている。なかに「ちなみに、林正之助はこの書を読んで激怒したという」とあるのにふれて思わず吹き出してしまった。

『女興行師　吉本せい　浪花演藝史譚』が刊行されたのは一九八七年九月だが、それからひと月もたたないうちに、林正之助が「俺に会いもしないで、勝手なことを書きくさって」と怒っているというはなしが、いろいろのところから耳にはいってきた。

吉本興業は創業者の吉本せいが一九五〇年に没していらい、せいの実弟林正之助のワンマン体制がつづいていたが、六八年マーキュリー・レコード会社を買収した金を共謀した山口組に上納したかどで、兵庫県警に逮捕される。かつて吉本の禄を食んだ藝人の多くが、「正之助は金勘定だけで、藝はわからない」と口にしていたことからも、正之助からじかに取材したらば、こうした事実を書くことはできないと判断したので、あえて会うことをしなかったのだ。

（二〇二〇年五月号）

サンセット大通り

一九五二年四月から放送開始されたNHKの連続ラジオドラマ、菊田一夫作『君の名は』は、携帯電話の存在など想像もつかなかった時代だからこそ成立した、典型的なすれ違いメロドラマだった。放送時間の木曜日午後八時三十分には、銭湯の女湯がからになると言われたほど、御婦人層の人気を博している。

映画化され一九五三年九月に公開された、大庭秀雄監督の松竹映画『君の名は』は、三億円代の興業収入をあげている。ヒロインの岸惠子が、髪の上から巻いた白いストールが真知子巻きとよばれ、全国の子女のあいだで大流行し、舞台となった東京有楽町の数寄屋橋は、時ならぬ観光スポットとなった。「命売ります」と書いたプラカードを首からさげた若い男が坐り込んだり、英文学者の吉田健一が乞食をしたなど、いろいろ話題の多かった東京名所が、津津浦浦に知られるところとなったのだ。

その数寄屋橋、中央区銀座と千代田区有楽町を結んでいたが、高速道路の建設で川とともに消滅、いまは銀座側の小公園に、「數寄屋橋此処にありき」と菊田一夫の書で記された碑が名残をとどめている。

数寄屋橋の下を流れていた川の風景を知る人も、みんな年寄になってしまった。その年寄たちに訊ねても、数寄屋橋は覚えていても、川の名は、「さあ、なんだっけ」と言うばかりで誰も知らない。一八五六（安政三）年の江戸地図に、「現代東京の同一地域を実測基図として重ね合わせ」た、『復元 江戸情報地図』（朝日新聞社）で調べたら、安政時すでに数寄屋橋が存在してたのはわかったが、肝腎の川の名はただ「御堀」とあるだけで、はっきりしない。ポケットサイズで一九七四年に刊行された『東京地名小辞典』（三省堂）で、やっとわかった。外堀川でした。

現在はビルの中に格納されている松竹ピカデリー劇場だが、外堀川が流れていた頃は、その川岸にあった。客席の奥行よりも横巾のほうが広い、楕円形の瀟洒で古典的なクリーム色の建造物だった。占領下には接収されていて、GHQ指導で「実験劇場」と称する演劇公演が行なわれていた。尾上九朗右衛門と高杉早苗の、スタインベック『廿日鼠と人間と』を観ている。一九五〇年だった。

接収が解除されてからのピカデリー劇場は、外国映画のロードショー劇場になった。その年の洋画ベストワンを、『イヴの総て』と争った『サンセット大通り』がピカデリー劇場で公開されたのは、一九五一年十月だった。この映画は、無声映画時代のハリウッドで一世を風靡した大女優ノーマ・デズモンドの悲劇だが、実際に無声映画時代の大スター、グロリア・スワンソンがノーマを演じたのも話題になっていた。

ピカデリー劇場のロビーに小机があって、奉賀帳が置かれていた。開いてみると、「グロリア・スワンソン様　胸を熱くしながら貴女の説明をしたことを想い出しています。松井翠声」と達筆で記されていた。松井翠声はインテリ活動写真弁士あがりの漫談家で、マルチタレントの走り的存在の人である。

ミュージカル『サンセット大通り』（二〇二〇年三月　東京国際フォーラム　ホールC）では、安蘭けい、濱田めぐみがWキャストで、ノーマ・デズモンドを演じている。

（二〇二〇年六月号）

対岸の絢爛

もう何度となく同じ書き出しで始めている文章の、その同じ書き出しを、性懲りもなくここでくり返す無礼をまずお詫びして、その書き出し、

どしゃぶりの雨の中、二本柳俊夫騎乗のオートキツがぶっちぎりで逃げきった日本ダービーが、思えば私のビギナーズラックだった。

と、こうなります。一九五五年で、二十歳だった。けっして自慢になるはなしじゃないが、こと競馬のキャリアではひとに負けた記憶がない。

発表のあてなどまるでない映画論など書きまくっていた無為徒食の文学青年を気取る身に、競馬はなんとも刺激的で、すぐに夢中になった。府中の東京競馬場や中山競馬場で、土曜と日曜に開催される中央競馬（その時分は国営だった）だけではあきたらず、平日もや

っている大井、川崎、船橋、浦和の地方競馬つまりは草競馬まで手を出した。

その時分の競馬場は、中央、地方にかかわらず鉄火場だった。客はと言えば、世のため人のため、額に汗することから出来る限り距離をとっているような手合ばかりで、数少なかったご婦人客もひと目で玄人筋とわかった。ましてや馬券の購入は禁じられていた学生の分際といたしましては、穴場の窓口で売り子のおばさんに顔をのぞかれないよう苦労したものだ。電車の中で、ネクタイ締めたサラリーマンが、堂堂予想紙を開いている昨今の風景にふれると、隔世の感をおぼえてならない。数える程でしかないが、一攫千金の夢を果したこともある。だが大抵は帰りの電車賃だけ辛うじて残すまで負けていた。そんな私が、どこかで軽く一杯やれる程度の金は残せるようになったのは、もう四十歳を過ぎていた。アルコール依存症になっても、ギャンブル依存症にはならない自信がある。

中央競馬会のPR紙「優駿」に何度か執筆させて頂いている関係で、皐月賞、日本ダービー、ジャパンカップ、有馬記念といったG1レースに、ドレスコードのある特別室に招待されるようになってかれこれ三十年になる。三十年というのは長い年月で、そのあいだにはこの特別室で一緒に競馬を楽しんだ、虫明亜呂無、古山高麗雄、本田靖春、武市好古、山口瞳、入船亭扇橋、山野浩一、常盤新平の諸氏が彼岸に渡り、ことしになって、競馬帰りの反省会と称する呑み会の常連だった古井由吉さんが世を去った。

コロナのおかげで競馬も無観客とあって、テレビ観戦がつづいているが、馬券が買えない。携帯電話すら持っていない私は、電話投票だのインターネットによる馬券購入ができないのだ。馬券を買ってないと、的中率が俄然高まるのが皮肉である。それにしても、競馬にまでキャッシュレスの時代が来ていることに驚いた。二百三十三億以上あったことしのダービーの売上げが、前年比九二・三パーセントなのだそうだ。私のように現金でしか馬券を買わないのは、一割に満たないことになる。

劇団TRASHMASTERS公演、中津留章仁作・演出『対岸の絢爛』（二〇二〇年三月　下北沢駅前劇場）に、ギャンブル依存症から脱け出せた男が、スマートフォンで競馬の結果を見て、「買ってれば取れた」とつぶやく場面があった。

（二〇二〇年七月号）

人間合格

六・三制新教育大系の一期生として一九四七年に中学生になったのだが、私立の男子校には、はやくも文学青年を気取る同級生が何人かいた。その何人かのみんなが、志賀直哉一辺倒だった私のことを、「古い、古い」と軽蔑するのだ。彼らに言わせると、太宰治こそが新文学の旗手なのだそうだ。

太宰治の作品はほとんど読んでなかったが、なんとなく弱いくせに強い相手に立ちむかっては、無惨にやられる負け犬的存在に思われた。それというのも、『如是我聞』で小説の神様の異称を持つ志賀直哉に、身の程知らずの挑戦をして、歯牙にもかけられなかったことの印象が強かったのだ。

太宰治が戦争未亡人（もう聞かない言葉だ）山崎富栄と、三鷹の玉川上水に入水心中したのは一九四八年六月十三日で、中学二年生の身にはやはり衝撃だった。二人の失踪が報じられたのが十五日で、発見されたのが十九日だから、入水から発見までの間、六日が費されている。梅雨時で連日しとしと雨が降っていたように覚えている。自殺癖、心中癖のあった太宰は、「死ぬ時は玉川上水」と漏らしていたことも報じられ、太宰ファンの同級生は、放課後玉川上水まで捜しに行こうなどと亢奮していたが、どうしたのか。

六月十五日の昼頃から雨は本降りになり、増水した玉川上水の流れは勢いを増した。東京都水道局は上流の武蔵野市にある浄水場の水門を調節して、捜索に協力している。発見された二人の遺体は、腰の部分が赤い紐で結ばれていたが引き離され、別別の火葬場で荼毘に付された。

太宰の心中相手山崎富栄の部屋の机上には、朝日新聞に連載予定だった「グッド・バイ」の原稿十三回分が残されていたという。未刊に終った「グッド・バイ」とは、太宰治の死を象徴していると話題になった。

新聞各紙が派手に報じた心中事件とあって、本屋という本屋が太宰治の著作を平台に並べた。『斜陽』『津軽』『晩年』などなど。私も『斜陽』を求めて味読している。太宰の文章にふれたのは『如是我聞』いらいだったが、『斜陽』の印象は気取りの多い気障な小説につきていたように思う。死後多分にもてはやされた太宰治作品のなかで、『斜陽』と双璧だったのが『人間失格』で、このタイトルは流行語になり、中学生のあいだでも他人を侮蔑するのに頻繁に使われたものである。

心中事件から間なしに発売された雑誌「中央公論」に掲載された太宰治の短篇小説『家庭の幸福』の原稿は、二月頃すでに出版社に渡されていたという。いわゆる組置にされていたのだろうが、結果から見れば格好のタイミングだった。この短篇は、ある官僚の出演しているラジオ番組を家族そろって聞く、一家団欒の光景が描かれている。太宰はこの作品を「曰く、家庭の幸福は諸悪の本」と結論づけるのだ。この結論は、この国の高度成長時代、サラリーマンたちの間で反語的に言い交わされていたものだ。後世まで影響を与えた点で太宰治は、志賀直哉を凌いだと言っていい。

　こまつ座公演、井上ひさし作、鵜山仁演出『人間合格』（二〇二〇年七月　紀伊國屋サザンシアター）では、太宰治の本名津島修治を青柳翔が演じてる。

（二〇二〇年八月号）

殺意　ストリップショウ

同じ東京でも山の手の暮ししか知らずに育った私は、私立男子校の中学生になって初めて下町の子を知った。彼らはみんな小生意気な気取り屋で、格好の悪事指南役だった。放課後に肩鞄をさげたまんま、都電を乗りついで有楽町、銀座、日本橋、人形町、そして山の手エリアの新宿、渋谷といった盛り場をぶらつき、映画館や寄席をのぞくなんて、隠微な楽しみを教えてくれた。

都電を乗りついでと書いたが、通学用定期券には乗車できる経路が示されていて、私のばあい有楽町、銀座などは経路外だった。車掌に見咎められたときの用意に、定期券の裏側に回数券を忍ばせておくのだ。不正乗車とわかっていながら見逃してくれる車掌もいて、いまでもその顔を思い出せる。

そんな盛り場彷徨で、行先が浅草のときはこころがはずんだ。六区の興行街にはまだ殷賑をきわめた時代の名残があったのだ。すしや横丁から入ったすぐの右側手前から、ロキシー映画劇場、常盤座、東京クラブと並んだアールデコ調の建物の二階部分が廊下でつながっていたのは、小屋主の根岸興業が「三館共通」の割引切符を売ったからだと、下町っ子はきいた風の口で教えてくれた。

フランス座、ロック座、カジノ座などなど、ストリップショーの全盛時代で、ただ女の子が胸を見せるだけのショーだが、「女のポポ」「濡れるマンボ」「色ぼけポポ」「女のパクパク」なんて思わせぶりのタイトルに、泥絵具で描かれた俗悪な看板で客をよびこんでいた。木戸をくぐる勇気はさすがになかったが、そんな看板を見るともなしに見ていると、

「みっともねえから、ツバなんかのみこむなよ」

と、下町の悪餓鬼にからかわれた。

私が足繁く浅草六区に出入りしたのは、なんとか併設された高校を卒業した一九五三年以降になる。もう後ろめたい気分などいだかず、大手をふってストリップ小屋通いしたものだ。井上ひさしが芝居に書いて、小沢昭一が演じた名物乞食のキヨシがまだ元気で、客席から声をかけたり、フィナーレで贔屓の踊り子目掛けてピースの箱など投げこんでいた。

一九八一年に惜しまれながら姿を消した日本劇場は、有楽町駅前に偉容を誇っていたが、五階のミュージックホールは浅草のストリップよりももう一段上等のショーを上演していた。美術、照明、音楽、演出もさることながら、ストリッパーと呼ばずマヌカンと称して

いた踊り子たちもみんな垢抜けていた。浅草出身の踊り子の楽屋に、例のキヨシが顔を出していた。

一九七七年の夏、その日劇ミュージックホールで、『牡丹燈籠』が上演され、水乃麻希という女優が胸を出したお露を演じた。その台本は、なにを隠そう私が書いている。踊りの台本を書いたなど、後にも先にもこのとき限りである。作者の看板下げて楽屋に出入りするなど、楽しい夏のひと月だった。

世田谷パブリックシアター企画制作、三好十郎作、栗山民也演出『殺意　ストリップショウ』（二〇二〇年七月　シアタートラム）は、鈴木杏の演ずるナイトクラブのダンサーで高級娼婦が、ある社会学者の戦前、戦後の行動を糾弾する一人芝居だ。

（二〇二〇年九月号）

ビリー・エリオット

一九四七年四月に私立の麻布中学に入学した。高校も併設されている男子校だ。だから五三年三月に高校を卒業するまでの六年間、同じ校舎で同じ顔ぶれの級友と過ごした。帝銀事件、下山事件、三鷹事件、松川事件、そして朝鮮戦争と、占領下の激動の時代だったといま思う。

入学すると校友会の各部が部員募集の告示を、校内の掲示板に張り出すのだが、迷うことなく映画研究部に入部した。演劇部や音楽部に入部したのは何人かいたが、映画研究部に入部した新入生は私ひとりだった。映画を観る中学生には不良が多いと思われていたような時代だった。部長格だった高校二年の山際永三は、のちに新東宝の監督になっている。このひとの「フランス映画傍役伝」という文章で、レイモン・エイモスを知った。一年上には、アバンギャルド映画中心の評論で名をなし、早逝した佐藤重臣がいて、彼からは盗み酒の楽しみを教えられている。

入部早早の仕事は、ガリ版刷りの機関誌「ソフトフォーカス」の編集だった。編集とは言うものの早いはなしが映画館の広告取りで、これにはちょっとしたこつがあった。映画館の休憩時間中の事務所はなにかと忙しいので、それを避けて行くのだ。肝腎の広告が取れなくても「折角来たんだから映画観ていきなさい」と言われたり、広告代がわりの招待券をもらったりで、在学中の邦洋問わぬ名画のほとんどを、無料で観ている。無料入場のことを、あの業界では「アオタ」と言うのもこのとき知った。

「ソフトフォーカス」には、若さにまかせた稚拙な映画論を書きまくった。ジュリアン・デュヴィヴィエ、黒澤明など監督論が多かったが、「男ものの腕時計の似合いそうな女優だ」なんて、思い出しても顔の赤らむ気障な書き出しの「パトリシア・ニール論」を褒められて、やに下がったのを覚えている。

『駅馬車』や『荒野の決闘』で、ハリウッドを代表する西部劇監督のイメージの強いジョン・フォードだが、『男の敵』『若き日のリンカーン』『怒りの葡萄』など、社会性の強いリアリズム映画でも知られていた。一九五一年の正月映画、ウォルター・ピジョン、モーリン・オハラ主演、ジョン・フォード監督の『わが谷は緑なりき』は、その年の洋画ベストワンに選出された傑作で、感激のあまり「ソフトフォーカス」に十枚ほどの作品評を、気張って書いたものだ。

『わが谷は緑なりき』の舞台は、十九世紀末英国ウェールズ地方の炭鉱町だ。ウェールズはジョン・フォードの出身地であるように書かれたのを読んだ気がするのだが、真偽のほどはわからない。この炭鉱町の労資対立が描かれているが、リアリズムというより、全篇にリリカルな雰囲気が漂っているのが心地よかった。

二〇一七年の演劇賞を総取りした感のあるミュージカル『ビリー・エリオット』が、コロナ禍の悪条件を克服して再演されている（二〇二〇年九月　ＴＢＳ赤坂ＡＣＴシアター）。舞台は炭鉱労働者がストライキ中の、イングランド北部の炭鉱町イージントン。天才的少年バレエダンサー、ビリー・エリオットの神技を観ながら、やはり炭鉱町が舞台の『わが谷は緑なりき』を思い出していた。

（二〇二〇年十月号）

虫たちの日

名優中村伸郎は、私より二十七歳上だった。親と子ぐらいの年の差と言っていい。八十二年で一期を終えられているから、いまのところ私は三年ほど余計に娑婆の空気を吸わしていただいていることになる。

中村伸郎の舞台に初めてふれたのは、一九五〇年文学座公演『キティ颱風』だが、ちょうどその頃開局相次いでいた民間放送のラジオ番組のひとつ「ペンギンタイム」の洒脱な語りのディスクジョッキーや、ジョルジュ・シムノンのメグレ警部ものの朗読で、パリという都会の息づかいを教えられたり、松竹映画『本日休診』で、三國連太郎扮する少しばかし頭の弱い男がせっかく沢山出したパチンコの玉を、おだててまきあげてしまう生活能力のない男を演ったおかしさなどで、すっかりこの役者の贔屓になってしまった。世に言う新劇俳優の、誰ひとりとして持っていない知的なユーモアをたたえた、真の大人の役者だと思った。

一九七二年から八三年までの毎金曜日の夜十時、渋谷のジァン・ジァンで中村伸郎はイヨネスコ『授業』を上演しつづけた。入場料は六百八十円で、途中安すぎるので値上げしたらの声もあったが、

「家の近くの蕎麦屋の美味い天丼が六百八十円なんだ。あの天丼に負けないつもりで演ってる芝居なんで、むこうが上げない限り……」

と答えたものだ。

七五年に演劇集団円を結成した時分から、中村伸郎と親しいおつきあいが始まった。時に先方から酒席のお誘いなどあって、嬉しかった。天麩羅屋のカウンターで、徳利を前にして、

「きょうは私がご馳走しますから、あなたは別役実と太田省吾のちがいについてはなしてください」

と言われた。ご馳走される身に対するこのひとらしい心づかいなのだ。

くわしく算《かぞ》えてはいないのだが、中村伸郎の出演した別役実作品はかなりの数になる。なかで八七年に文学座の三津田健と共演した『諸国を遍歴する二人の騎士の物語』が巻を圧していたが、いまなお懐かしさに襲われてやまない小品に、八三年の文野朋子相手の二人芝居『虫たちの日』がある。

老境にはいった夫婦が、とりとめもないはなしをしながら晩の食事をとっているだけの、別役実にしては珍しく日常性にあふれた芝居だ。もともとラジオドラマとして書いたものときいている。文野朋子から、

「実際にごはんを食べなければならないので、朝から絶食して舞台にのぞんでいるのに、食べてるはずの中村さんの茶碗から全然ごはんが減っていないの」

と電話をもらったのを思い出す。

中村伸郎が世を去った九一年七月五日の夜、原宿のマンションを訪ねたのだが、ベッドに横たわった遺体の傍らに、別役実の本と愛煙していたマイルドセブンと灰皿があって、「お焼香がわりに一服」と夫人にすすめられ、そうした。

演劇集団円トライアルリーディング公演、別役実作、内藤裕子演出『虫たちの日』（二〇二〇年九月　吉祥寺シアター）は、橋爪功と福井裕子による朗読劇だ。

（二〇二〇年十一月号）

拝啓天皇陛下様　前略総理大臣殿

昭和、平成、令和の三代を過ごした私だが、天皇陛下に会ったことはない。この三代に総理をつとめた大臣が、いったい何人いたものか資料もそれをさがす時間もないけれど、総理経験者にはひとり会っている。バルカン政治家と言われ、田中角栄のあとを受け総理就任した際、「青天の霹靂《へきれき》」と口にした三木武夫だ。

タレント議員と呼ばれる存在が数あるなかで、その第一号となると「のんき節」の演歌師石田一松だろう。法政大学出身のインテリで、ヴァイオリンを手に「へへのんきだネ」と街を流しているのに吉本が目をつけた。一九三〇年、「インテリ・時事小唄・法学士」の看板で浅草万成座の舞台に立たせ、四五年提携していた東宝の喜劇映画に、エンタツ・アチャコ、柳家金語楼らと共演させたのである。

一九四六年四月十日に行なわれた、新憲法下による戦後最初の総選挙で定員十人のところ百二十人が立候補した激戦の東京第一区に出馬した石田一松は、三万四千九百四十票を獲得、第七位で当選を果している。かけつけた大勢の新聞記者を前に、「代議士になってものんき節はやめない」と語っている。

新宿末廣亭で何度か石田一松の高座にふれたが、いつも別看板つまりは特別出演の扱いだった。胸に議員バッジをつけた紺のダブルの背広姿であまり上手くないヴァイオリンを弾きながら

〽むかし廓《くるわ》で一番稼ぐのを　オショク女郎といいました　いまは官吏で一番稼ぐのを汚職官吏と申します　へへのんきだね

と、「のんき節」を二、三曲うたったあとで、「男なら」という歌を、「男なら、元の日本にして返せ、男ならやってみな」とうたって終えるのがきまりだった。藝人の高座というより代議士の余興を見せられている感じだった。

一九五一年「平和・安保両条約承任の件」で、全面講和を主張していた石田一松は党議に背き反対の青票を投じ、ただちに脱党している。次の選挙に敗れた石田一松の衆議院議員生活は、七年四期となる。

石田一松が心酔し、共に代議士生活を過ごした元宰相の三木武夫を麴町の事務所に訪ねたのは、石田一松が胃癌のため無念の旅立ちをしてから二十八年たっていた一九八四年の十月だった。

改進党、民主党と行動を共にした石田一松のために、三木武夫がいちばん心をくだいたのは、一松のヒロポン中毒だった。委員会で質問する前にシャツの上から「エイッ」と気合もろとも針をさすのを見かねて、逓信病院に入院させたが、好転することはなかった。

「いままでに出会った多くのひとのなかで、忘れ難くなつかしいひとと言ったら、やはり竹久夢二と石田一松……」

こんなことをはなしている三木武夫の表情が、政治家でもなんでもない、ただのお爺さんになってしまうのが、とてもよかった。

燐光群公演、坂手洋二作・演出『拝啓天皇陛下様　前略総理大臣殿』(二〇二〇年十一月座・高円寺1)は、棟田博の小説で一九六二年野村芳太郎脚本・監督、渥美清主演により映画化された『拝啓天皇陛下様』と、記憶に新しい公文書改ざん問題を背中あわせにした舞台だ。

(二〇二〇年十二月号)

VI 二〇二二年

五十四の瞳

明治生まれの慶應ボーイだった私の父は、丸ビルにある日本車輛本社に勤めるサラリーマンだったが、一九四五年四月に子供の私が見ても堅気ではない知りあいに、「もう日本は危ないから、朝鮮で一旗あげよう」とすすめられ、一家で内地を離れ京城（ソウル）に渡った。私が国民学校五年の新学期をむかえたときで、担任の教師は、

「俺は師範しか出ていないけど、お前の親父は慶應出ているんだろう。いま朝鮮に行くことがどういうことか、わかっているのかな」と言った。その教師の名前と顔を、いまでもしっかり覚えている。

日本統治下の京城市の国民学校は、日本人の生徒だけのところ、日本人と朝鮮人混合のところ、朝鮮人だけのところと、三つに区分けされていた。私は日本人の子女だけが通う三坂国民学校に編入した。ここでの担任教師は東京の下町出身らしく、「いま、浅草はど

うなっている」などと気になる内地の様子をさかんに訊ねてきた。教師とちがって生徒のほうは、全員が全員京城生まれで内地を知らないから、訊ねられることも具体的だったが、「内地では、電車の運転手も新聞配達も日本人の仕事」というのが、どうしても信じてもらえなかった。私の味わった最初のカルチャーショックだった。

日本敗戦の八月十五日。空が真青だった。街では「朝鮮獨立萬歳」と書かれた幟や、初めて目にする韓国国旗をかかげた朝鮮人を満載したトラックの列が行進する一方で、真青な空には無数の黒片が舞っていた。軍や役所が、占領軍が進駐してくる前に具合の悪い資料を焼却しているのだと、大人たちからきいた。

住んでいた町の一角は日本人家庭で占められていたが、一丁ほど離れたところに朝鮮人の長屋があって、敗ける前からそこの子供たちは日本人の子と仲良く遊んでいた。解散した日本軍隊の兵隊の何人かが、兵舎からトラックを持ち出して、そんな子供たちを荷台に乗せて、連日ドライブに興じたものだが、占領軍の来る前の束の間の楽しみだったのだろう。時に、子供たちを荷台で待たせたまま、兵隊が女郎屋でしばしの時を過ごしていたのを思い出す。

軍人家族から先に引揚げができることになり、兵役についたことなどない親父は軍人だと偽って、厳寒を前にした十月に帰国できることになった。貨物列車につめこまれ、渡鮮のときは四日だった旅程を十日以上かけて、戦災を免れた代々木八幡の祖母の家にたどりついた。道中しばしば点呼があって、親父がいけしゃあしゃあと、「軍人一名、ほか×名」と答えるのにひやひやしたものである。

文学座公演、鄭義信作、松本祐子演出『五十四の瞳』（二〇二〇年十一月　紀伊國屋サザンシアター）は、瀬戸内海の西島に実在した、日本人と朝鮮人が共に学ぶ、朝鮮人の親たちが作りあげた朝鮮学校のはなしだ。作者がプログラムに「父に捧ぐ」という文章を寄せている。彼の父は自分の果せなかった夢を五人の息子に託し、その教育に金を惜しまなかったという。私は、同じ物書きとして「父に捧ぐ」作品の書ける鄭義信に羨望の念を覚える。

（二〇二一年一月号）

モンテンルパ

一九六一年だった。初めて、テレビの構成台本を書いている。

ＴＢＳテレビの「街のうた声」という十五分番組だ。自身もうたう友竹正則をホストに、毎回ちがうゲストとともに町のコーラスグループを紹介するもので、訪ねた先を思い出しながら記せば、うた声喫茶「灯」、日本橋三越本店、講談社「婦人倶楽部」編集部、神田のキャバレー「ウルワシ」、俳優座養成所、厚木にあった西部劇ファンの会などなどで、ビデオテープの貴重な時代とあって、すべてモノクロのフィルム撮影だった。

「ウルワシ」では撮影後スタッフ全員が、ホステス嬢との交歓の席で一杯やる役得にありついたり、俳優座養成所の巻では、ゲストに招いた千田是也大センセイが番組の主旨をまったく理解しておらず、友竹正則をあわてさせたり、西部劇ファンの会でのゲスト岡本喜八が売物の黒装束で現れずスタッフを失望させるなどいろいろあったが、白眉はやっぱり「モンテンルパの会」だった。

フィリピンのモンテンルパに日本人BC級戦犯が収容され、講和条約締結後も帰国の目処が立っていない事実が、母国日本の多くの人の知るところとなったのは、偏《ひとえ》に渡辺はま子のうたった「あゝモンテンルパの夜は更けて」のヒットのおかげと言える。この曲は、モンテンルパ収容所でうたわれていたもので、一九五二年六月に戦犯から詞と曲が渡辺はま子のもとに送られてきたものだった。九月に新譜として発表されたレコードの売上げは二十万枚に達した。渡辺はま子は苦心の折衝を重ねた末、その年十二月にモンテンルパ慰問を実現させている。

一九五三年七月二十二日、モンテンルパに収容されていた百八人全員が帰国、横浜港に上陸している。五十二人が釈放、五十六人が巣鴨プリズンに収容された。

モンテンルパで辛苦を共にした人たちは、帰国後も年に数回集まる「モンテンルパの会」をつくり、この会には渡辺はま子も毎回訪れていた。TBSテレビ「街のうた声」で「モンテンルパの会」を取りあげたのは、帰国後八年がたっていた。収録場所はたしか芝増上寺の座敷だったように覚えている。十数人の参加者の大半が死刑判決を受けていた。八年の歳月で取り戻すことのできた自由を満喫する喜びを語りあい、ゲストの渡辺はま子にホスト友竹正則も加わった「あゝモンテンルパの夜は更けて」の合唱でお開きとなった。

スタッフが機材の撤収をし終えて気がついたのだが、番組であまり発言しなかった男がひとり残っている。物言いた気な表情をしているので、スタッフの何人かと予定していた酒席に誘った。酒が入ると俄然饒舌になったタクシーの運転手をしているという、この元死刑囚は、現在の「モンテンルパの会」がボス役の一人に仕切られていると不満を強く訴えた。

大小にかかわらず組織のかかえる問題がここにもあると、組織とは無縁の私は感じた。トム・プロジェクト企画制作、シライケイタ作・演出『モンテンルパ』(二〇二一年一月東京芸術劇場シアターウエスト)は、モンテンルパの人びとを激励しつづけた僧の加賀尾秀忍、歌手渡辺はま子がモデルで、渡辺はま子を島田歌穂が演じている。

(二〇二一年三月号)

帰還不能点

国民学校六年のときだから、一九四六年だ。

隣の家に、戦災で焼け出されていた長谷川一夫が、一族郎党引き連れて引越してきた。さすが颯爽たる天下の二枚目、山手通りを渋谷・初台間運行していたバスが木炭で走っていた時代、自家用の小型ガソリン車を乗りまわしていた。隣家との仕切りをこしてゴルフボールがとびこんできたことがある。初めて見たゴルフボールだった。家の前で友達とキャッチボールをしていたとき、通りかかった長谷川一夫が、私のそらしたボールを投げかえしてくれたことがあり、学校で「長谷川一夫とキャッチボールをした」と自慢したのだが、誰ひとり信用してくれなかった。

人の出入りの激しかった長谷川家の様子はなにかと気になったものだが、「おつかれさま」という挨拶が頻繁に交わされているのが物珍しかった。いまでこそ一般社会で当り前に使われている「おつかれさま」だが、その時分は藝界、花柳界、水商売の人たちのあいだで使われていた特殊な挨拶語だったのだ。

気がついてみればもう、兵隊に行ったという人も姿を消してしまったが、召集された役者や料理屋の板前などが、うっかり「おつかれさま」と口にしようものなら、「軟弱な輩」と古参兵から往復ビンタをくらったものだときいた。軍隊で「おつかれさま」に相当する挨拶は、「ごくろうさま」だったそうだ。

一九三九年十月封切の日活多摩川作品、火野葦平原作、田坂具隆監督『土と兵隊』は、中国大陸でロケを敢行した大作。日中戦争杭州湾上陸作戦で、本隊から大きく遅れた二人の兵士が、難行苦行しながら疲労困憊の姿で本隊にたどりつくはなしだ。到着した二人を、大勢の兵士が肩をたたきあいながら喜び迎えるシーンで、「おつかれさま」が連発される。軍律厳しき日本陸軍で、あってはならない軟弱語の連発だが、考えてみれば、その「おつかれさま」と言っている兵隊たちに扮しているのは、日活多摩川撮影所の大部屋役者だ。アドリブで、ついうっかりふだんの挨拶が口をついてしまったのだろう。

閉鎖社会のなかだけで使われていた言うところの業界用語が「おつかれさま」のように、いつの間にか世間でも用いられるようになった例は少なくない。「あご足」「よいしょ」「せこい」「とちる」それに「マジ」などは、役者や藝人とその関係者のあいだに通用していたスラングだった。いま若い人たちがしばしば口にしている「やばい」は、「もと、香具師や犯罪者仲間などの社会での隠語」と『新明解国語辞典』（三省堂）にあった。

劇団チョコレートケーキ公演、古川健脚本、日澤雄介演出『帰還不能点』（二〇二一年二月　シアターイースト）。一九四〇年十月に設立された「総力戦研究所」で、模擬内閣を形成した人たちが、敗戦後五年に居酒屋に集まり、「劇中劇」のかたちを借り太平洋戦争前夜の様相を再現する。まことに些細なことで、芝居の評価にまったくかかわりないのだが、陸軍大臣役がひと言「おつかれさま」と口にする。擦れっ枯らしの老いたる観客といたしましては、ほんのちょっとだが気になった。

（二〇二一年四月号）

昭和虞美人草

御多分に漏れず最初に読んだ夏目漱石作品は『坊っちゃん』で、次が『吾輩は猫である』だった。中学生になる前だ。

親類の多い家に育ったので、東京ばかりでなく千葉の市川や埼玉の浦和などにあった、何軒かの親類を度度訪ねたものだが、その親類のどこの家の応接間にも、岩波書店の『漱石全集』がかざられていた。私の親父もかなりの読書家で、ずいぶん沢山の本を集めていたが、『漱石全集』はなかった。ことのついでに余計なはなしをすれば、この親父の蔵書の大半は私が渋谷宮益坂にあった古本屋に持ちこんで、小遣いに換えている。

敗戦後の出版ブームのさなか、出版権のトラブルからか岩波書店ではない、社名を失念したがたしか代々木にあった別の出版社から『漱石全集』が刊行された。書店で見て、親類から借りて読んだ戦前の岩波版にくらべ、紙質も印刷のされ具合も劣っていたので購入をやめた。だから古本屋で求めた文庫や、友人から借りたもので、夏目漱石の全小説を高校生になる前に読み終えている。国語の教師に『虞美人草』は読まなくていいから『こゝろ』を読めと言われたのに反発して、すぐに『虞美人草』を読んだのだが、教師がそう言った理由がよくわからなかった。いまだにわからずにいる。

中学から高校にかけての時代、文学青年を気取って古今東西の作家を読みまくったが、志賀直哉に現代文の規範を見出していたから、漢籍の素養ゆたかな漱石の文章は、凝りすぎているような気がした。ただ、当て字の巧みさは何度読んでも感心するほかにない。

一九九四年。岩波書店から戦後何度目かの『漱石全集』が刊行された。今回のは残存している元原稿にもとづいているということもあり、俳句や書簡にも興味があって、全巻購入した。漱石は何度読んでも面白く、偉大さを再認識した。再認識したのだが不満がひとつある。元原稿にてらし、歴史的仮名遣いなのはいいが、漢字がすべて現代用字なのだ。とくに固有名詞の異和感は否めない。市川団十郎だの三遊亭円遊だなんて、團十郎や圓遊が可哀想になってくる。

『坊っちゃん』『吾輩は猫である』『道草』『こゝろ』などなど、漱石作品の書き出し一行目は、名文句として人口に膾炙している。そうした点から申すなら、

「随分遠いね。元来どこから登るのだ」

という会話で始まる『虞美人草』は、異色と言っていい。書き出しは異色だが、倫敦《ロンドン》から

の宗近君の返事を引いた、

「此所《ここ》では喜劇ばかり流行る」

という『虞美人草』の結句は、漱石のどの作品よりも知られているのではないか。

文学座公演、西川信廣演出『昭和虞美人草』（二〇二一年三月　文学座アトリエ）は、夏目漱石『虞美人草』の登場人物の人名をそのまま借りて、時代を一九七三年に設定した青年たちのドラマで、作者はマキノノゾミだ。

同志社大学出身のマキノノゾミは京都岩倉での下宿生活で「毎日比叡山を見上げて暮らし」ていたので、漱石『虞美人草』の冒頭場面に「ひどく親しみ深く感じられた」という。『昭和虞美人草』の幕切れの台詞は漱石と同じ「此所では喜劇ばかり流行る」だ。

（二〇二一年五月号）

どん底―1947・東京―

満二十歳の誕生日を期に、煙草をやめた。一九五五年三月のことだ。

吸うといっても吹かす程度で、好きというよりつきあい気味の煙草だったから、やめても別につらくはなかった。黄色いパッケージの二十本入りパールを携帯していた。煙草を手にしなくなってから、バーのカウンターで強い酒を口にしているとき、隣の人に吸われて、一本おねだりしたことがあった。

昨今の健康なんとか法のおかげで、窮屈な思いをしているお方を見ると、やはり気の毒だと思う。統計上からも、喫煙者の数は大はばに減っていると言われるが、コンビニの壁一面に色とりどりのデザインの煙草が並べられ、客がそれを番号指定で購入してる光景や、大型ビル地下の喫煙室に長い行列ができているのを見ると、愛煙家の数はそう簡単に減りはしないと思う。そんな喫煙所の大方で、ご婦人の喫煙者が殿方を圧しているようで、ここでも女性上位時代が実感されるのだ。

モク拾いなんて商売があったのを知っている人は、みんなもう年寄になってしまった。私が煙草をやめた頃は、このモク拾いの全盛時代だったような気がする。路上にポイ捨てされた煙草の吸い殻を、先端に針をはめこんだステッキ状の竹竿で拾い集めるのだ。全国各地どこの盛り場でも見かけたモク拾いだが、集めた吸い殻はどこでどうなっていくのか、藤田傳に教えてもらった。以下は、開高健の『日本三文オペラ』を劇化するため、大阪のドヤ街釜ヶ崎（現在のあいりん地区）に泊りこんで取材にあたった、藤田傳の目撃談である。

釜ヶ崎の安宿の一室に集められた大量の吸い殻は、わずか三センチほどのものがほとんどだが、それをひと目でピース、光、新生、ゴールデンバットと仕分けするプロがいて、このプロは洋モクと称したラッキーストライクやキャメル、チェスターフィールドなどもきちんと選別したという。こうして分けられた吸い殻を、銘柄別に一本一本巻き直し、これも拾い集めたケースに入れ、市価の半値で売り捌く。ケースなしで一本単位で売られるものもあり、仕事にあぶれた労働者などに便利がられていたそうだ。

こんな釜ヶ崎の煙草市場に、年に一箱くらいドイツ（当時の西ドイツ）の高級煙草ゲルベゾルテが出るそうだ。ゲルベゾルテはふつうの紙巻煙草とちがって、丸くなく扁平だった。釜ヶ崎産ゲルベゾルテも扁平だったが、丸く巻いたゲルベゾルテの吸い殻を、せんべい布団で一晩寝押しして扁平にするそうだ。そのためか、吸っているうちに丸くなってしまうのが難点だったとか。

座談の名手で、はなしを面白くする天才劇作家藤田傳の見聞録だけに、ゲルベゾルテのくだりだけは、いささか怪しい。ついでに記せば、このはなしを三國連太郎と一緒にきいていて、私が三國連太郎と同席したのはこのとき限りだ。

劇団民藝公演、吉永仁郎脚本、丹野郁弓演出『どん底――1947・東京――』（二〇二一年四月　紀伊國屋サザンシアター）は、敗戦直後の風俗がふんだんに出てくる舞台だが、千葉茂則の扮したインテリの稼業はモク拾いだ。

（二〇二一年六月号）

老後の資金がありません

ちょっと必要があって、戦時中の隣組について調べたことがある。上意下達機能の地域最末端単位の組織として、回覧板、防空演習、配給物資の分配にあたり、担当月番がその責を負ったことをあらためて知って、なんともなつかしい思いに襲われた。回覧板も防空演習も配給も、銃後の少国民の私にも日常の光景だったのだ。

一九四五年八月十五日、日本の無條件降伏によって防空演習と回覧板は自然消滅するのだが、米、砂糖、マッチなど生活物資の配給統制は継続されたため、各戸持ちまわりの月番制度はしばらくの間残されていた。

昭和の初めに裏千家の茶人だった祖母が建てた代々木八幡の家で育ったのだが、隣家に宰相近衛文麿のお妾さんが住んでいた。俗に言う屋敷町だったが、幸にもその一角だけ戦災を免れた。敗戦で近衛文麿の自殺があって、お妾さんは姿を消したが、その隣家に戦災で焼け出された長谷川一夫が一族郎党引き連れた大世帯で越してきた。私が国民学校六年の、教科書に墨など塗らされていた年だから、一九四六年だ。その翌年、麻布中学に入るのだが受験の日面接を待つ教室で、長谷川一夫の家の隣に住んでいると自慢したら、誰ひとり信用してくれなかった。

敗戦後もつづいた配給だが、記憶にあるのはもっぱら「助惣鱈《すけそうだら》」で、ラジオの「日曜娯楽版」が、「東京都全部助惣鱈」なんて茶化していたものだ。その助惣鱈の配給日に長谷川家が月番にあたることがあって、各戸に分配するのに必要な秤のない長谷川家の女中さん（声の太いおばさんだった）が、我が家に秤を借りにくるのだ。使い終った秤を返しにくるのもこの女中さんで、「大将がよろしく」などと言いながら粗品と記された手拭を置いていくのだ。手拭一本も貴重な時代だったから、お袋がことのほか喜んでいたのを思い出す。

長谷川一夫の愛娘稀世が生まれたのもこの家だ。元気な泣声が連日塀ごしにきこえてきた。中学の夏休み、この泣声の正体をうかがうべく、庭の百日紅をつたわり屋根にのぼり、長谷川家をのぞいたことがある。のぼったときはすでに泣声はなく、目にできたのは、庭でなにかの作業をしている男の姿だった。そんなことより、屋根瓦のひりつく熱さにたまりかねそこそこに屋根からおりた。無論、テネシー・ウィリアムズに『熱いトタン屋根の猫』なんて芝居のあることを、まだ知らなかった。

長谷川稀世は当然のように女優の道を歩み、初舞台は八歳ときいている。芝居を観ることが大切な仕事になった私は、必然的に長谷川稀世の舞台を観つづけることになった。長谷川一夫の「東宝歌舞伎」が一夫の死によって終焉をむかえたあと、稀世は新派に入るのだが、ここで台詞の重要性に目覚めたのではと推察している。その新派を退いて青年座に入団して演じた、マキノノゾミ作『赤シャツ』に目を瞠った。

垣谷美雨原作、マギー脚色・演出『喜劇　老後の資金がありません』（二〇二一年八月新橋演舞場）で、久し振りの長谷川稀世を観た。貫禄充分の女優ぶりが、主演の渡辺えりと高畑淳子に刺激を与えている。

（二〇二一年九月号）

友達

八十歳になって、生まれて初めて一人暮しをすることになった。六年前、五十年連れ添った荊妻《けいさい》を失って、万やむを得ずの一人暮しだ。万やむを得ずではあるが、若い頃は一人暮しに憧れつづけていた。

一九五三年に高校を卒業したものの、受けた大学全部落ちたのであり余る時間を利して、映画館、劇場、寄席通いにうつつを抜かし、発表のあてのまるでない映画論など書きまくっていた。無為徒食の文学青年を気取っていたのだ。敗戦後まったく働くことをしなかった私の親父は、自分のことは棚にあげて、こんな私の暮しぶりを四六時中あげつらった。そんな親父の目から逃れるためには一人暮しをするほかにないのだが、そのための努力をしなかったのは、やはり自立心が欠けていたのだろう。

新宿、渋谷、池袋あたりの安酒場に出入りしてるうちに、何人かの演劇青年と知りあったのだが、その何人かのみんながみんな地方から出てきて一人暮しをしていたのだ。サンドイッチマンやパチンコ屋でアルバイトしてる多くのなかに、親からの仕送りの豊富ない い家のぼんがいて、中野のそいつのアパートには、ラジオのほかに手まわし式の蓄音器が あったが、

「小遣いのほとんどが酒にまわって、レコードにまで手がまわらない」

という。わが家には電蓄があり、親父のあつめたレコードもかなりあったので、そのなか からヴィルヘルム・フルトヴェングラーのベートーヴェンやアルフレッド・コルトーのシ ョパン（無論落すと割れるSP盤だ）と、サントリーの角壜など下げて何度も訪れたもので ある。時には夜を徹して語りあい、近くの外食券食堂で海苔に玉子、納豆とハムかつの朝 食をそいつのツケで食べ、若旦那の朝帰りよろしく家に帰り、自分の部屋でひと眠りする のだ。親父がいい顔をするわけがない。

そんな一人暮しをしている同年輩の連中は連中で、親がかりで暮している私をしきりに 羨ましがったが、私は私で「君たちみたいに自由がない」とぼやいた。そうぼやきながら、 用もないのに一人暮しの友達の部屋を襲うのだ。

貧しい一人暮しに耐えられず、鹿児島だかの故郷に帰った奴がいたが、一年足らずで再 び東京に舞い戻ってきた。なんでも後楽園球場のプロ野球のラジオ中継をきいていたら、 芝居の効果音みたいに遠く電車の走る音がする。ただそれだけのことで、東京での一人暮

しがなつかしくなって、矢も盾もたまらず、兄貴のオートバイを無断で質に入れ、身ひとつで家出してきたという。

自由な一人暮しはできなくても、東京に住んでいることだけで得るところ大の、地方との格差が存在した、六十年ほど前はそんな時代だった。

シス・カンパニー公演、安部公房作、加藤拓也上演台本・演出『友達』(二〇二一年九月新国立劇場小劇場)は、一人暮しの男の部屋に、家族と称する老若男女九人が突如現われ、なんとも不可思議な生活の始まる不条理劇だ。いきなり訪れられて困惑する鈴木浩介の演ずる男を観ながら、若い頃突然訪れた私を、もしかしたら一人暮しの友達は迷惑に感じてたのではと考えていた。

(二〇二一年十月号)

ジュリアス・シーザー

私より四歳下で、いちばん古い友達の柳家小三治が旅立ってしまった。さびしい。

小三治の次女郡山冬果は、文学座の女優だが、入座の際の面接官は北村和夫だった。北村が訊ねた。

「お父さんは何をしてるの」

「はなし家なんですけど」

「はなし家？　なんて名前」

「柳家小三治です」

いきなり立ちあがった北村和夫が姿勢を正すと、口ごもりながら言ったそうだ。

「ボク、なにか失礼なこと言ったかしら」

古今の新劇俳優のなかで、北村和夫くらい伝えられるゴシップの多い人もいない。本当は別の役者の演じた愚行まで、北村のものにされてしまった例も少なからずあるらしいが、それも持って生まれた人柄によるのだろう。以下は私の耳にした北村和夫逸話集の抜粋である。

◎杉村春子と共演中の舞台で、台詞が出なくなってしまい、「先生、お先にどうぞ」とやってのけた。

◎アーサー・ミラーの傑作『セールスマンの死』を読んだかと訊かれ、「セールスマンの詩はまだ読んでない」と答えた。

◎シャンソン喫茶のウエイトレスに、「ねえ、『詩人の魂』かけて、『詩人の魂』」とたのんで、「いまかかっているのが『詩人の魂』です」と答えられた。

◎文学座入座のきまった北村和夫が、俳優座入団のきまった学友の小沢昭一と神保町で偶然出会って、「おたがい虎視眈眈とやろうな」と言った。「肝胆相照らす」のつもりだった。

◎訪中新劇団で北京公演終了後、ホテルでパアテイが開かれたが、酩酊した北村和夫を同室だった高橋昌也がベッドにはこびこんだ。再びパアテイに参加した高橋昌也が部屋に戻ると、寝入っているはずの北村和夫が青ざめた顔でベッドに正座している。どうやら粗相をしてしまったらしい。高橋昌也にむかって叫んだそうだ。「国辱だッ」

◎北京の印章店で、友人への土産に判をつくってきた。小沢昭一には「小沢」、加藤武には「加藤」、八代目松本幸四郎（初代白鸚）には「松本」。幸四郎がつぶやいた。「俺は本名藤間だし、高麗屋ならともかく松本って判子貰っても……」。贔屓の越路吹雪にはフルネームの落款と差をつけた。この落款、捺してみたら「越路吹雲」だった。

こんな北村和夫の言動を名古屋から東京までの新幹線車中で、小沢昭一、加藤武、大西信行からききまくった柳家小三治が、後日出演したラジオ番組を北村和夫のエピソードだけで三時間つないだ。

一九六一年九月、文学座公演、シェイクスピア『ジュリアス・シーザー』で北村和夫はジュリアス・シーザーに扮している。ローマにNHKテレビのロケで出かけた北村和夫は、シーザーの刺された旧跡を訪ねた。案内人の英語での説明をきいているうち、自分がシーザーを演じたことを訴えたくなった北村和夫が叫んだ。

「アイアム、シーザー」

パルコプロデュース公演、森新太郎演出『ジュリアス・シーザー』（二〇二一年十月　PARCO劇場）は、女優だけで演じられている。

（二〇二一年十一月号）

IT弱者といたしましては　あとがきの前に

スマートフォンは言わずもがな、携帯電話も持たずに、野田秀樹流に言う「コロナ禍下」の時代に向きあっている。

ファクシミリ兼用の固定電話に頼り、七年前に他界した荊妻が時どきいじくっていたパソコンのカヴァーは薄埃をかぶっている。それでも新聞とラジオとテレビだけで、世界の大方の様子は知ることができるし、日本国憲法第二十五条で保障されている「健康で文化的な最低限度の生活を営む」ことに、さしたる痛痒を感じたこともなかった。

コロナのおかげで、二〇二〇年三月二十五日国際フォーラムの『サンセット大通り』から、七月七日紀伊國屋サザンシアターで『人間合格』を観るまでの百三日間、私の日常となっていた劇場通いが叶わず、半分蟄居《ちっきょ》の状態を強いられた。この頃から、わが健康で文化的な最低限度の暮しを危うくさせる、理解不能の言語や方法が無断侵入し始めた。

オンライン、ユーチューブ、SNS、ウエブ、ネット配信、エトセトラエトセトラ……。

単純な言葉の前に「＃」なるマークだかロゴだか意味をはかりかねる記号のつくのも気になるが、バーコードの記された「払込取扱票」でコンビニエンスストアから送金しながら、そのメカニズムがよく分かっていない身に、なんだか指紋の化物めいた四角いマークがそこら中にあるのも目ざわりだ。もっともこれはスマートフォンのない者には無用の長物らしく、無視していればすむことだ。

そんなことより気がついてみれば、劇場で顔をあわせる同業者のほとんどが、スマートフォンを持参しているばかりか、原稿を書くのも、送稿するのにもＩＴ器機を使用しているのには、正直少しばかりたじろいでいる。

なんとしても筆一本で喰っていこうという意気込み盛んだった若い時分、書いた原稿は出前よろしく届けていた。年上の担当編集者が目の前で読んで、述べてくれる感想がずいぶんと勉強になったし、珈琲などご馳走になりながらの雑談から、新しい仕事のアイディアを与えられたことも少なくなかった。それよりなにより、原稿料や印税の前借で辛くもしのいでいた時代、出版社訪問は欠かせない行事だったのだ。

いまでは原稿の受け渡しを、直接編集者とすることはほとんどない。もっぱら郵送しているが、締切ぎりぎりのときなどはファクシミリを利用して、送信済の原稿をあらためて郵送するのだ。面倒で無駄だと言われそうだが、しがない物書き渡世にとって書いた原稿は商品なのだ。商品は完全なかたちで納品するのが建前と考える。未知の編集者から電話で原稿依頼されることがある。引き受けるとあらためて依頼書のようなものが、ファクシミリで送られてくる。原稿を送って、掲載誌が送られて、原稿料が振込まれる。この間一度もその編集者の顔を見ていないので、おもてですれ違っても気づかないはずだ。編集者が女性だと、なんとなく気にかかるのだけど。

原稿はペリカンの万年筆で書く。西ドイツ時代の現地で買ったもの、丸善で求めたもの、ひと様から頂戴したものなどあわせて十本ほど手もとにある。そのときの気分で選ぶのだが、インクの切れぐあいなどもあって、一本の原稿に数本使うこともある。そのインクはモンブランの黒。手書きの原稿は物書きでももはや少数派だと言われる。少数派はもとより望むところだが、手書き原稿をＩＴ器機用に変換する作業に編集者の手を煩わしているときいて、いささか申し訳ない気分がしている。申し訳ないが、人に迷惑をかけながら重ねてきた馬齢、このままつづけていくほかにさしてよい途があるわけじゃないと、開きなおるよりいたし方ない。

書くのも、その書いた原稿を送るのも、機器まかせが当り前の流れに逆らっている私には、郵便受けに投げ込まれている「老人向スマホ教室」の勧誘チラシにからかわれている気がしないでもない。いくらも年齢のちがわない友人に「最初は苦労するけど、馴れればなんでもないよ」などと言われても、心動かすことはない。

どんなに人に迷惑をかけつづけても、いまさらスマートフォンを手にしようなどという気持がこれっぽっちもないのは、それでなくても残り少ない余生の貴重な時間を、そんなことに費すより、一枚でも多く原稿を書くことに使いたいからです。

（日本経済新聞　二〇二二年一月十五日）

あとがき

一九八七年だから、ずいぶんと昔のはなしになる。

毎日新聞に「鳩」というサインで落語評を書いていた高原四郎が亡くなったので、あとを引き継いで「寄席評」をやらないかと、その頃すでに二十年をこすつきあいのあった編集委員の水落潔にたのまれた。

それまで芝居や落語の批評を新聞や雑誌に書いてきた体験から、この種の批評を読んでくれる人のほとんどが、対象になっているその舞台にふれていないことを知っていた。これは芝居や落語に限らず、あらゆる藝術批評に言えることで、宿命みたいなものだ。宿命は宿命としても書き手としては、空しい気持を捨てきれない。

さいわい水落潔は、「好き勝手にやっていい」とのお墨付きをくれたので、私なりに考えた批評を書かせてもらうことにして、なによりも書いた者が空しくなるような結果だけは避けたいとの思いから、自分なりの条件を自分に課すことにした。

まず「よほどのことがない限り技術批評はしない」。第二に「個人的にすぎるような体験や心情を遠慮なしに書く」。そしてこれがいちばん肝腎なのだが、「その催しにまったく関係ない人を読者と想定して書く」。つまり極端なはなし、寄席演藝にまったく関心のない人が読んでも面白い批評という高のぞみをしたのだ。そして、これは寄席演藝のみならず芝居や映画にもあてはまる批評姿勢だと考えた。

爾来私は寄席評に限らず、演劇評や書評でも、その作品の評価という批評本来の意義からできるだけ距離をとり、作品から連想されたところの恣意に委ねた個人体験による心情などを臆面もなく書いてきた。対象になっている作品にかかわった人びとに刺激を与えることはできないが、作品にふれていない人に面白く読んでもらえれば、その作品の持つ世界が多少なりとも拡がってくれるのではと勝手に思って、そんな文章を書いてきた。二〇〇八年六月より二〇一五年九月まで、公益財団法人都民劇場の月報に連載し、二〇一五年十二月に岩波書店から刊行された『舞台の記憶』も、そのような私の執筆姿勢から生まれている。

その『舞台の記憶』の連載を終え、次なる企画として「都民劇場」（月報）に連載したこの『芝居のある風景』（連載時のタイトルは「當世藝能見聞録」）も、まったく同じ意図のもとに書かれている。文中の時間、人名などは各項末の括弧内におさめた掲載時の時点に即している。「都民劇場」連載中は、糟谷治男理事長、故佐原正秀理事、千田純二理事、松本京子さんのお世話になった。白水社からの上梓にあたっては、私にとっていちばん旧知の編集者和氣元氏にまたまた多大のご苦労をかけることになり感謝にたえない。有難うございました。

二〇二三年　魚上氷

矢野　誠一

矢野誠一著作一覧

目下、二〇一八年に白水社から刊行した『落語登場人物事典』を編集執筆したメンバーで、新しく「東京生活語」の事典をつくる作業をつづけているほか、ある役者の評伝めいたものを書き下しているのだが、けっして短くはない己が物書き渡世をこの辺で顧みたい気持が昂じ、和氣元氏の手を煩わし「著作目録」を作成してもらった。

あらためて自分の仕事の軌跡をたどって、深い感慨を覚えた。なかには散逸してしまい手許にない著書も数点あるが、それを含めてその刊行過程は鮮やかに甦ってくる。既に彼岸の人や、名前を失念している担当編集者もいるけれど、その人たちと交したきわめて些細なやり取りが、わが著作一冊一冊に固有の貌《かお》よろしくうかんでくるのだ。そして、そんなやり取りから教えられたことの多かったのに思いあたり、どの著作もその誕生は編集者との共同作業であったのを再確認させられた。

それにしても働き盛りの年代を、活字文化が最盛期をむかえていた時期に過ごせたのは僥倖以外のなにものでもなかった。組織と無縁のフリーの物書きに仕事のあふれていたような時代は二度と訪れてこない現実を見るにつけ、わが身の仕合せを思わざるを得ない。生まれてくる時代を選ぶことのできない人間の宿命からも、好きな仕事を自由にするのを可能にしてくれた時代に巡り合えたことに感謝するばかりだ。

「著者目録」は恵まれた時代ならではは残すことのできた作品の記念譜みたいなものだ。

（注＝「↓」は親本の文庫化等、『同』は表題同じ）

●単著

『落語遊歩道』（協同企画出版部　一九六七年）
↓『落語を歩く　鑑賞三十一話』（河出文庫　二〇一五年）
『落語　語り口の個性』（三一新書　一九七〇年）
↓『落語とはなにか』（河出文庫　二〇〇八年）
『落語　長屋の四季』（読売新聞社　一九七二年）
↓『落語歳時記』（文春文庫　一九九五年）
『芸能歳時記』（三一書房　一九七三年）
『私の信条』（現代創造社　一九七八年）
『けっさく笑いばなし集』（集英社　モンキー文庫　一九七八年）
『古典落語』（駸々堂　ユニコンカラー双書　一九七九年）
『にっぽん藝人気質』（レオ企画　一九七九年）

→『にっぽん藝人伝』（河出文庫　二〇一三年）
『志ん生のいる風景』（青蛙房　一九八三年、新装版二〇〇四年）
→『同』文春文庫（一九八七年）、『同』河出文庫（二〇一九年）
『藝能語典』（青蛙房　一九八四年）
『さらば、愛しき藝人たち』（文藝春秋　一九八五年）
→『同』文春文庫（一九八九年）
『落語長屋の知恵』（青蛙房　一九八六年）
『フルイコの酒場』（大陸書房　一九八六年）
『女興行師　吉本せい　浪花演藝史譚』（中央公論社　一九八七年）
→『同』中公文庫（一九九二年）、『同』ちくま文庫（二〇〇五年、二〇一七年）
『落語手帖』（駸々堂出版　一九八八年）
→『落語手帖　梗概・成立・鑑賞・藝談・能書事典』（講談社＋α文庫　一九九四年）、『新版　落語手帖』講談社（二〇〇九年）
『落語讀本　精選三百三席』（文春文庫　一九八九年）
『門番氏の手紙』（三一書房　一九九〇年）
『落語は物語を捨てられるか』（新しい芸能研究室　一九九一年）
→『志ん生の右手　落語は物語を捨てられるか』（河出文庫　二〇〇七年）
『落語食譜』（青蛙房　一九九二年、新装版二〇一二年）

↓『落語長屋の四季の味』（文春文庫　二〇〇二年）
『圓生とパンダが死んだ日』（青蛙房　一九九三年）
↓『酒場の藝人たち　林家正蔵の告白』（文春文庫　二〇〇六年）
『酒と博奕と喝采の日日　さらば、愛しき藝人たち2』（文藝春秋　一九九五年）
↓『酒と博奕と喝采の日日』（文春文庫　一九九七年）
『芝居歳時記』（青蛙房　一九九五年）
『落語商売往来』（白水社　一九九五年）
↓『落語長屋の商売往来』（文春文庫　二〇〇三年）
『戸板康二の歳月』（文藝春秋　一九九六年）第十回尾崎秀樹記念・大衆文学研究賞受賞
↓『同』（ちくま文庫　二〇〇八年）
『落語家の居場所　わが愛する藝人たち』（日本経済新聞社　一九九七年）
↓『同』（文春文庫　二〇〇〇年）
『文人たちの寄席』（白水社　一九九七年）
↓『同』（文春文庫　二〇〇四年）
『大正百話』（文春文庫　一九九八年）
『藝人という生き方　そして、死に方』（日本経済新聞社　一九九九年）
↓『藝人という生き方　渥美清のことなど』（文春文庫　二〇〇一年）
『三遊亭圓朝の明治』（文春新書　一九九九年）

→『同』（朝日文庫　二〇一二年）
『衣食遊住がらくた館』（青蛙房　二〇〇一年　絵＝中原道夫）
『エノケン・ロッパの時代』（岩波新書　二〇〇一年）
『荷風の誤植』（青蛙房　二〇〇二年）
『東都芝居風土記　江戸を歩く』（向陽書房　二〇〇二年）
『二枚目の疵　長谷川一夫の春夏秋冬』（文藝春秋　二〇〇四年）
『笑わせる側の人生』（青蛙房　二〇〇五年）
『森の石松に会う』（青蛙房　二〇〇七年）
『人生読本 落語版』（岩波新書　二〇〇八年）
『舞台人走馬燈』（早川書房　二〇〇九年）
『落語のこと少し』（岩波書店　二〇〇九年）
『昭和の藝人　千夜一夜』（文春新書　二〇一一年）
『昭和食道楽』（白水社　二〇一一年　絵＝唐仁原教久）
『昭和の東京　記憶のかげから』（日本経済新聞出版社　二〇一二年）
『さようなら　昭和の名人名優たち』（日経プレミアシリーズ　二〇一三年）
『昭和の演藝二〇講』（岩波書店　二〇一四年）
『劇場経由酒場行き』（幻戯書房　二〇一四年）
『小幡欣治の歳月』（早川書房　二〇一四年）

『舞台の記憶　忘れがたき昭和の名演名人藝』（岩波書店　二〇一五年）
『ぜんぶ落語の話』（白水社　二〇一六年）
『昭和も遠くなりにけり』（白水社　二〇一九年）

●共著・編著

『古典落語大系』（三一書房　全八巻　一九六九〜七〇年）
→『同』（三一新書　一九七三〜七四年、静山社文庫　二〇一〇〜一一年）
『昭和戦前傑作落語全集』（講談社　全六巻　一九八一〜八二年）
『話がご馳走』（廣済堂出版　一九八五年）
『深川江戸散歩』（新潮社　とんぼの本　一九九〇年）
『都新聞藝能資料集成　大正編』（白水社　一九九一年）
『まるまる一冊マルセ太郎』（早川書房　二〇〇一年）
『都新聞藝能資料集成　昭和編上』（白水社　二〇〇三年）
『寄席芸・大道芸　物語で学ぶ日本の伝統芸能五』（くもん出版　二〇〇四年）
『落語CD&DVD名盤案内』（だいわ文庫　二〇〇六年）
『志ん生讃江』（河出書房新社　二〇〇七年）
『ニッポン借金事情』『暗い時代こそ笑いとばせ！』（日本放送出版協会　二〇〇九年）
『落語登場人物事典』（白水社　二〇一八年）

著者略歴

一九三五年東京生まれ、文化学院卒。
藝能評論家。
都民劇場理事、早川清文学振興財団理事。
菊田一夫演劇賞、読売演劇大賞選考委員。
第10回大衆文学研究賞（一九九六年）、
第14回スポニチ文化芸術大賞優秀賞（二〇〇六年）。

芝居のある風景

二〇二三年三月　五日　印刷
二〇二三年三月十八日　発行

著者 © 矢野誠一
発行者 岩堀雅己
印刷所 株式会社 三秀舎
発行所 株式会社 白水社

東京都千代田区神田小川町三の二四
電話 営業部〇三（三二九一）七八一一
　　 編集部〇三（三二九一）七八二一
振替 〇〇一九〇―五―三三二二八
郵便番号 一〇一―〇〇五二
www.hakusuisha.co.jp

乱丁・落丁本は、送料小社負担にて
お取り替えいたします。

株式会社 松岳社

ISBN978-4-560-09493-8
Printed in Japan

白水社の本

■矢野誠一の本

昭和も遠くなりにけり

昭和の話ならお手のもの。五十年続く「東京やなぎ句会」の句友たちの動向を中心に、多くの藝人や俳優たちが歩んだ人生を描く。

ぜんぶ落語の話

噺家のさまざまな物語を中心に、戦争前後の落語界の変遷、演劇や俳句との関係などを重層的に織りなす、通をも唸らせる高質エッセイ。

落語登場人物事典

八つぁん、熊さん、与太郎をはじめ、落語固有のユニーク極まる人物たち約七〇〇席、延べ二五〇〇名が繰り広げる比類なき人間模様。